ひつじ選書1

東京弁は生きていた

秋永一枝 著

ひつじ書房

目次

（刷りは北島秀松氏）

東京弁の発音を示したい部分はカタカナとし、アクセントやガ行鼻音を示すなど、話者の音声の再現につとめた。片仮名の太字の部分は高く発音されたところ、カ゚キ゚ク゚ケ゚コ゚は、ガギグゲゴと異なり鼻にかかって発音するガ行鼻音を表す。

東京弁は生きていた

○

今日の新聞（昭和五六年六月二十日の朝日新聞）に、「大江戸はまた遠く」の見出しで、山谷堀が埋めたてられ姿を消すという記事があった。かつては吉原通いのちょき舟でにぎわった堀も今はどぶ川、暗渠にされる憂き目にあうのも時世《じせい》であろう。

戦前#お茶湯日（オチャトービ）ともなると、兄たちに相手にされないミソッカスの私は、母の腰巾着でぽんぽん蒸気にのって大川（オーカワ）をさかのぼった。浅草に近付くと、「あれが待乳山（マツチヤマ）の聖天様（ショーデンサマ）、そこの堀が山谷堀（サンヤボリ）、その橋が今戸橋」などと母に教わり、「待乳山、夕越えくれば五百崎《いおざき》の、隅田河原に独りかもねんとすさみしもことわりや」などと、習

#「お茶湯日」寺院で毎月決まった日に参詣し茶を供えると特によいという日。浅草寺では一月一日・二月末日など、毎月一回ある。

い覚えた#「双面《ふたおもて》」のせりふをまた一わたりおさらいしたものだった。大川端（**オーカワ**バタ）で育った私にとって、待乳山も山谷堀も、今戸焼も百本杭（ヒャッ**ポングイ**）も回向院（エ**コー**イン）も、日々の話しことばの中に生きていた。しかし堅気（カ**タギ**）の家《うち》であったから、「昔は山谷堀をちょきで吉原に通ったもんだよ」などと、まさか子供には話してくれなかった。それで「ちょき」なることばを覚えたのは、物の本が先か落語が先か、或いは俗曲#「深川」からかは記憶にない。そのアクセントも見当がつかないところから考えて、恐らく小説の類で覚えた語かと思われる。

金原亭（**キンゲンテー**）馬生（バ**ショー**）は落語《はなし》の中で、たびたび「チョ**キデ**」といっていた。彼は志ん生（昭和四八年に八三歳で没）の長男だから、恐らくは父志ん生もそう発音していたに違いない。江戸風俗研究家、岸井良衛氏（明治四一年生れ、築地育ち）も「チョ**キデ**行く。**チ**ョキじゃありません、チョ**キデス**。唄でもチョ**キ**ィデ、**サ**ッ**サ!**っていうでしょ。」と言われる。この語を伺った多くの方が、「深川でいうでしょ、ちょきでサッサ、行くのは……」とまず言われてアクセントはチョ**キ**だとされる。ところが辞書類は山田美妙『日本大辞書』（明

#「双面」常磐津「双面月姿絵」の冒頭、渡守おしづのせりふ。

#「深川」「猪牙《ちょき》で、サッサ、行くのは、深川通ひ、」で始まる俗曲の題名。なお、猪牙舟はいのししの牙に似た細長く先のとがった小舟で、速力が早い。山谷堀へ通うので山谷舟、また長吉舟ともいう。

治二六年）以下今まですべてが#チョキと記されている。このアクセントが現実に存在していたとすると、昭和の初めにはやった唄に影響されて変化したことも考えられないではない。だが、俗曲のお蔭でこの語が死語にならずに生き残ったことだけは確かであろう。

　勿論これは日常生活に使うことばではない。いわば理解語であって使用語ではない。生きていることばの範囲を使用語に限るとすれば、「ちょき」などは差し詰め死語ということになろうが、それではあまりに多くの語が生命を奪われてしまうだろう。

　東京旧市内のことばを調べていると、そのことばを実際に使っているお年寄りの中でも、「もうこんなのは死語ですねえ」という声が聞かれる。だが、「こんなことばを使っていると孫に笑われる」とか、「悪いことばだから使わない」とか言うことばの端々《はしばし》から、とり残されたわびしさと、死語だと認めたくない気持ちが働いていることも否めない。若い、それも多くは移住者に見捨てられたことばでも、東京旧市内で育った年寄りが使っていれば、それがたとえ少数でも死語・廃語とすべきではないだろう。発音の場合もアクセントの場合も、古いからといって切り捨て御免の風潮には賛成できない。

「ちょき」「日本大辞書（分冊版）」は、アクセント注記欄にも（第一、二合）とあるが、続き項目から考えて、（第一、二上）の誤植ととった。尚、『明解日本語アクセント辞典』（三省堂）は、第二版（五六年四月）で「チョキ」に訂正した。

○

「死語」という、神経を逆撫でされるようなことばの仲間に「老人語」というのがある。まだ、四十そこそこの頃、『新明解国語辞典（初版）』に「宿屋・朝湯・湯殿《ゆどの》・道楽・ハンケチ」などが、それぞれ「旅館・朝ぶろ・ふろ場・趣味の意・ハンカチ」の老人語としてあるのに仰天して、念のため「老人語」の項を引くと次のようにあった。

老人語―すでに青少年の常用語彙（ゴイ）の中には無いが、中年・高年の人ならば日常普通のものとして用いており、まだ文章語（第三版では死語）・古語の扱いは出来ない語。例、日に増し（＝日増しに）・平（ヒラ）に・ゆきがた・よしなに・余人（ヨニン）など。（初版は昭和四七年、第三版は五六年。編集主幹山田忠雄氏）

まあ中年も使ってよさそうで一安心したが、それならなぜ「あきんど・水菓子・襟巻《えりまき》・湯銭《ゆせん》・湯船《ゆぶね》」などに「老人語」の注記がないのかという疑問が残る。それに東京では「オ**ユー**・オ**ユー**ヤ・オ**ユ**セン」が古くからの言い方で、近頃になって関西の#「風呂」が入ってきたのだから、これを単純に老人語とするのはいかがなものか（第四版（平成元年）では「水菓子・湯銭」は老人語となった。）

#「風呂」牧村史陽編『大阪方言事典』（昭和三〇年）「ふろや（風呂屋）」の項にも、「京阪では、すべて、湯といはず、風呂であるが、最近、この風呂屋の語が東京へも移ったらしい。」とある。

このように、「物」が同じで表わす語の変るものもあれば、語が同じで事物やその用法が変ったりずれたりする場合もある。

○

先の新聞によれば、「堀が埋め立てられても、今戸橋や聖天橋は、由緒があるだけにそのまま残す方針。」とある。その今戸橋は永井荷風『日和下駄　一名　東京散策記』の序に「見ずや木造の今戸橋は蚤くも変じて鉄の釣橋となり、……昨日の淵今日の瀬となる夢の世の形見を伝へて、拙きこの小著、幸に後の日のかたり草の種ともならばなれかし。」（大正四年の序）と、早くもその変貌を記している。またその著の初めに次のようにある。

> 閑話休題《それはさておき》日和下駄《ひよりげた》の効能といはゞ何ぞ夫《それ》不意の雨のみに限らんや。天気つゞきの冬の日と雖《いへども》山の手一面赤土を捏返《こねかへ》す霜解《しもどけ》も何のその。アスフワルト敷きつめた銀座日本橋の大通《おほどほり》、矢鱈《やたら》に溝《どぶ》の水を撒《ま》きちらす泥濘《ぬかるみ》とて一向《いつかう》驚くには及ぶまい。私《わし》はかくの如く日和下駄《ひよりげた》をはき蝙蝠傘《かうもりがさ》を持つて歩く。（『荷風全集第十三巻』岩波書店）

#「日和下駄」或いは「日和」を辞書でみると、どの辞書にも必ずといっていいほど、晴天の日にはくという断わりがついてい

#「日和下駄」かつては晴天の日に、後には雨の日にはく、足駄よりは歯の低い差歯の下駄。70ページ参照。

る。

〔晴天の日にはく〕歯の低い下駄。(『新明解国語辞典』初版)

晴天の日にはく、歯の低い差歯下駄。(『日本国語大辞典』)

これはぬかるみの多かった昭和の初め頃までの用い方とは一致するが、現実にはそぐわない。私の子供の頃は、女たちは大雨の時は足駄(樫歯《かしば》の中高)、小雨の時は爪革《つまかわ》をかけた日和をはいていたが、戦後は舗装が行き届き、雨の日は足駄でなく日和に爪革をかけてはくようになっていた。(とはいえ、家に「日和」や「足駄」のある家が今時どのくらいあるだろうか。)大正初期の荷風の文にしてからが、既に雨天にはくのが一般となりつつあったようだが、これは土地によって多少差があるものらしい。

それならなぜ辞書に「現在は云々」と書かれていないかというと、辞書というものは一般に文字に書かれた資料でないととり上げないからである。いくら、意義がちがうの、こんな使い方があるのと言っても、「それは何に出ていますか?」でオジャンになることが屢々だった。そんなことから私は、二十年来細々と調査を続けている東京ことばの録音を文字化しようと決心したのだが、なかなか公にすることができない。

○

さてこの「日和(下駄)」を、シヨリ・シヨリゲタという人はまだ多い。シバチ(火鉢)・モモシキ（股引）・シヨシカ゚リ（潮干狩）の類だが、ふとんをシクかヒクかは私も時々あぶない。

富本節の師匠で放送作家でもある石川潭月氏（昭和四年生れ、尾久《おぐ》から下谷でお育ち）は、子供の時分ショーリケ゚タといっておられたそうである。

また、氏のおば様方は、「#オビョーシメテ（帯をしめて）、ハショーワタル（橋を渡る）」などとも言っておられたそうである。

#「オビョーしめて」68ページ参照。

土岐善麿氏（明治十八年生れ、浅草でお育ち）にも伺ったところ、「コリョーミル（これを見る）、ハショーワタル（橋を渡る）、言いますよ。」というお話で、他にもお年嵩の方々からはこうした発音を伺うことができた。

○

オミオツケ（味噌汁）をオミョーツケというのもよく聞くことで、岩本素白氏（明治一六年生れ、品川育ち）もそう発音された。ちなみに、その珠玉の随筆（『岩本素白全集』春秋社）には、東京及び東京周辺の町並、家々のたたずまい、人々の暮しの描写の間に古い東京ことばが散りばめられている。私が先生にお願いしてアクセントや発音の調査をさせて頂いた時はまだテープレコーダーが出回らない頃であったのが残念でならない。

例えばかつて池田弥三郎氏が久保田万太郎の作品の中で、「私にはほとんど意味がわからないし、同時にそれを口にのぼせているのを聞いた経験がない語。」（「久保田文学と下町ことば」言語生活61号、昭和三一年一〇月）とされたことばの多くは御存じであった。その随筆から一例を抜き出してみる。

丁寧ということはまことに見よいものなのだが、周囲が一般にざっかけない連中が多かったので、これは子供の私たちにさえ目立った夫婦であった。（『東海道品川宿』）

このザッ**カケナ**イなどは、私の周囲ではまだ聞かれることばである。池田氏の発言から二十年以上もたった今日でも（昭和五一年頃）、まだ生き生きと使われているものが調査の中でかなりあったのである。

学校をでたばかりのわたくしに、すぐには、何んのみじんまくもつかないから（久保田万太郎『市井人』）

これなどは「自分のミジンマクもつかないくせに……」のような使い方できかれたし、私の母（明治二六年生れ。神田仲町育ち）もよく使っていたことばだった。これは、永田吉太郎・斎藤秀一「旧市域の語彙」（『東京方言集』）などにもミジ**ンマク**（尾高型）のアクセントで出ているが、次の「カ**ゲノ**ゾキ」は、『全国方言辞典』に「かげのぞきもせぬ」として「顔を見せぬ。影も見せない。対馬」とあるばかりである。

北島秀松氏（明治三八年生れ。浅草から下谷育ち。浮世絵版画師）「言いますね。（例えば病気で入院してるのに）カ**ゲノ**ゾキもしやがんない……」

伊藤とし子氏（明治四二年生れ。下谷育ち）「言うわよ。このごろちっともカゲノゾキもしないって」

これは私の親たちの使い方と同じである。万太郎には「俺の眼の黒いうちは俺のうちの蔭覗きだつてさせるこつちやァない」とあるし、円生の落語には左のような例がある。

ことわっておくがあたしの亭主てえのァ、今日からここにいる寅さんなんだから、これから蔭覗《かげのぞ》きもすると承知しないから……（円生全集一下「包丁」青蛙房）

「ちょっとのぞく」ということから「ちょっと顔を出す・顔を見せる」というようになったものだろう。

「いいまのふり・いさくさ・いたしめる・意地をやく・しがくもつかない・じゃじゃばる・常びったり・地尻《ちじり》・唾《つう》を返す・てごちにおえない・ほとほとする・まじくなう……」などもお年寄にはまだ使われていて、記録することができたのはありがたかった。

○

先に、味噌汁を「オミオツケ・オミヨーツケ」という例を出したが、オツケも普通に使われている。

大谷代治郎氏（明治三八年生れ。京橋から八丁堀育ち。板金業）「東京ではねえ。まあ我々の社会ではオサンジツッテねえ、朔日《ついたち》と十五日《じゅうごんち》と二十八日《にじゅうはちんち》、この日はね、赤《あか》の御飯《ごはん》たくわけ。赤飯《せきはん》じゃあないのね。」

石川喜久氏（明治四〇年生れ。右に同じ。畳職）「そいでねえ、お豆腐のおつけをねえ、すんですよ。」

「自筆影印守貞漫稿」（東京堂）に「朔日　十五日　二十八日　是ヲ三日ト云　サンジツト訓シ　式日トモ云」とあるが、「お三日《さんじつ》」ということばを私は使ったことがない。私どもの家ではお朔日《ついたち》と十五日にしかアカノゴハンを炊かなかったから、もう略式になっていたのだろう。

平山武子氏（明治四三年生れ。本所松坂町育ち。鳥問屋。）「朔日・十五日・二十八日のオサンジツだけしか、かたいアキンドの家《うち》なんかでは、おみおつけを作らなかったんだって。坊主しゃも（＝本所回向院側《そば》のしゃも料理の店）なんか、昔そうだったんですって。朝は納豆だのミソマメだの。朝売りにくんのよ。」

「味噌豆」を辞書でひくと、「大豆の異名」とあるが、どうも東京では大豆をうでたものだけを言っているようだ。

高見タカ氏（大正五年生れ。本所両国育ち）「朝早く、ナットーォ、ミソマメーって売りにくんですよ。カツブシをかけて、よかったら辛子をかけてお醤油をかけて、私なんか納豆みたいに御飯にかけて食べてた。」「それとムキミヤサンが来ましたよね。天秤《てんびん》かついで。下さい！っていうと、ハイッてむいてくれる。……それでよく〝むきみやさんっていいますよね、筒っぽのようなの。お宅にありますでしょ。」
秋永「あれは重宝ですよね。切らないでハスッカイに折っとくんですよね。」（なお『新明解国語辞典』では、この「はすかい」も「「斜め」の意の老人語。」だそうである。）
高見氏「昔はお割烹着なんてもの、ありませんでしょ。みんなあれでしたよね。」

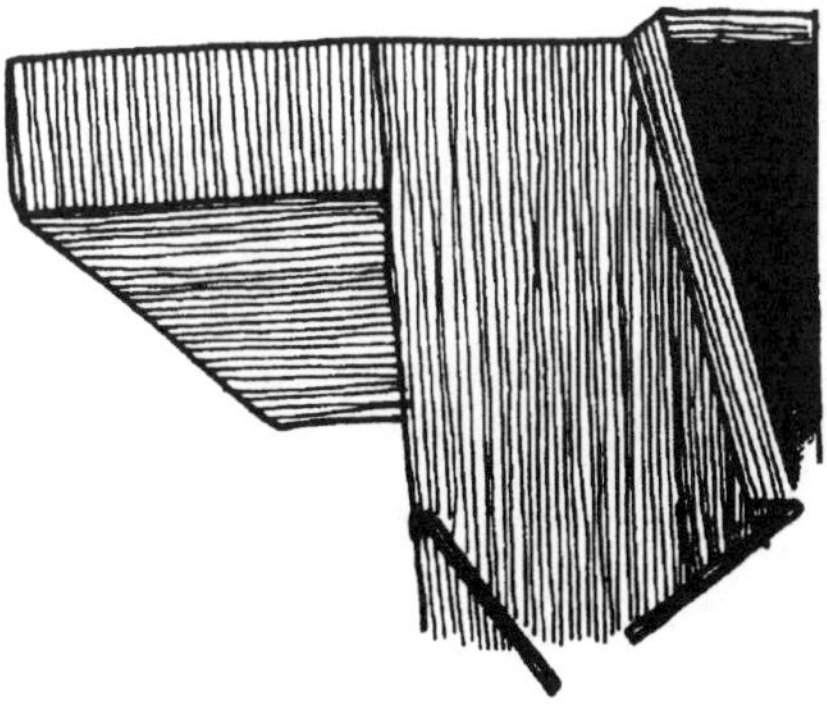
むきみやさん

その「むきみや」を辞書でみると、「貝のむき身を作り売る店、または売り歩く人。」（『日本国語大辞典』）とばかりある。但し、同書「むきみやばんてん」の項には、千葉県東葛飾郡の方言として「むきみや」がある。私どもは、あの上っ張りのことを「むきみや」とは言わず必ず「ムキミヤサン」と言っている。万太郎『市井人』にも次のようにある。

―いゝえ、友だちから。……いつか、それ、紀元節の日に来た、あの男です……

―あゝ、あの、むきみやさんの外套をお着になつた……

―えゝ、さうです、どこからみても浅草浅草した……

万太郎の文から考えると、身頃の方は上っ張りでも外套でもはんてんでも何でもよくて、袖だけが問題なのである。下町の女たちは縞木綿や絣の着物がいたんだりすると、前を打合せにして共《とも》の紐で結んだ上っぱりをつくる。その時、袖口の下を三角に折って仕立てておくと、元禄袖や筒っぽよりもずっとサバキがいいというものだ。然し、天びん棒をかついだ「むきみやさん」が「むきみやばんてん」を着ていたのは、いつ頃までのことだろうか。

○

「はんてん」といえば、「ハンテン゜ギ」ということばがある。正岡容『明治東京風俗語事典』（有光書房）には左のようにある。

はんてんき〔絆纏着〕職人のこと。「あっし共は絆纏着でござんすから」。近頃でははんてんぎというが、江戸前では「き」が正しい。

私の調べた限りではハンテン゜ギで、先の平山武子氏は「あれはハンテン゜ギの娘だからね」とか「はんてん着の娘みたいに思われんだから（ちゃんとしたことばをお使い）」などということを聞かれたという。

一般に辞書類には「職人のことをいう」とあるが、果してそれでよいだろうか。

ぎゃァぎゃァ騒ぐない。てめえだって絆纏着《はんてんぎ》のかかあになったんじゃァねえか。（円生全集「三軒長屋」）

児島慶一郎氏（明治三四年生れ、本所相生町育ち。蒔絵師）「屋職（ヤジョク）っていうシトワ、もういわゆるはんてんぎですね。これはもうことばが荒いんすよね。はんてん着るでしょ、みんな。」

佐野四郎氏（明治三二年生れ、本所相生町育ち。洗張師）「はんてん着てやるでしょ。ほらショシキのはんてんでね。……だから鳶さんでもね。……そういう人達を言うわけですよね。」

安藤鶴夫氏が「ひっそりとした居職《いじょく》の町が……」（『わたしの東京』）と書かれたように、イジョクは「屋職」とは異なる生活環境なのである。自宅で、多くは座ったままで、ひっそりと仕事をする蒔絵・彫金・袋物・洗い張り・裁縫などに従事しておられる居職の方々は、今回の調査でも実におだやかで丁寧な話しぶりで、大工さんや鳶職の方々のようなイサミハダな物言いとは縁が遠かった。それ故「はんてん着」の解釈では「鳶職・大工・左官などの屋職《やじょく》（の人たち）」に限定したほうがいいだろう。テレビなどで江戸の職人が出てくると、居職・屋職を問わず、みんな伝法《でんぽう》で、威勢のよい口をきくけれども、あれは江戸弁というものを誤解しているものである。

○

但し、失なわれようとしている東京弁のすべてが古いことばとは限らない。例えば、「青物市場」を東京でヤッチャバというが、これなどは明治になってできたことばである。それが「青果市場」と名が変ってしまった。だがヤッチャバの近くに住んでいた者は今でもヤッチャバで通している。

それをセンザイバともいうことは、先程の児島氏、佐野氏に初めてうかがったことだった。野菜をセンザイまたはセンザイモノ・センザイモン、それが集まるところがセンザイバだそうである。円朝の『真景累ケ淵』に次のような例もある。

此処は花売や野菜物《せんざいもの》を売る者が来て休む処で……（『三遊亭円朝集』筑摩書房）

他に『浮世風呂』などの用例もあるから、東京でもずっと使われていたことばだったろう。それが「やっちゃば」や「野菜《やさい》」にとって変わられ、「やっちゃば」もまた青物市場《あおものいちば》・青果市場《せいかしじょう》にとって代わられてしまう。だがセイカシジョーということばは、すっと通りのいいことばではなく、お世辞にも良い言いかえとは思われない。

○

東京の青物市場で一番大きかったのは、秋葉原のであろうか。あの辺はかつて秋葉様（アキバサマ）のあったところからアキバノハラ・アキバカハラ・アキバッパラなどとよばれていた。ところが国鉄の駅名が「あきはばら（秋葉原）」と名付けられてから、一般にそう呼ぶようになってしまった。そうなると「秋葉《あきば》神社」とは縁もゆかりもないようになってしまう。

高田の馬場（タカタノババ）も駅名は「たかだのばば」である。文字にひかれて発音が変化するのは当然である。それだから正しいよみかたを決めることが大事なのである。

「本所」は古くは「本庄」から転じたようである。現在は一般にホンジョと呼ばれているが、今でもホンジョーとのばして発音する人もかなりいる。私の父などもよく#「ホンジョーの七不思議」の話をしてくれたし、私などもどうかすると「生れはホンジョーです」と答えてしまう。

円朝の「塩原多助一代記」や、円生の「唐茄子屋」なども全例「本所《ほんじょう》に」とふりがながあるし、次の例は五拍でちょうど語呂があう。

其の頃の落首に、「本所《ほんじょう》に過ぎたるものが二つあり。津軽大名、炭屋塩原」と歌にまで頌《うた》はれまして、（『三遊亭円朝集』）

本所《ほんじょう》に蚊がなくなれば大晦日《おおみそか》（『円生全集』）

だが、「本所」もはや墨田区と変わり、「ほんじょう」の発音もやがて忘れられてゆくに違いない。だが、「横川《よこかわ》」と同時に掘られた#「竪川（タテカワ）」近辺の町名を、近年「立川」と定めたお役所仕事には腹が立つやら情ないやらである。いくら当用漢

#「本所の七不思議」置いてけ堀・馬鹿ばやし・送り提燈・片葉の芦・落葉なき椎・消えずのあんどん・津軽の太鼓を言う。

#「竪川」万治二年（一六五九年）、横川とともに開削された運河。竪川は本所・深川の地を東西に、横川（大横川）は南北に流れる。

字に「竪」の字がないからといって、あんまりではなかろうか。「立川市」への類推からタチカワにもなりかねない。せめて「たて川」「縦川」とでも決められなかったものか。

○

漢字が同じで清濁その他両様のよみが可能な場合は、アナウンサーがたとえ誤まって読んだとしても、まあ責めるのは酷に過ぎよう。

先日も小梅（コンメ・コウメ）の人が、「高橋（タカバシ）のケトバシヤ（馬肉屋）がねえ」と話していたが、これを「タカハシ」のように発音する人も近頃多い。同じく深川の#「大島（オージマ）」も、団地ができてからはオーシマダンチという人が増えてきた。清濁については地名事典なども、あまりあてにならないようである。

清濁に限らず、古着屋で名高い「柳原（ヤナギワラ）」も、漢字だけよめばヤナギハラと発音する人が現れてもやむを得まい。東京のように大きくなると、どうしても寄合所帯なものだから、土地に対する愛着も薄く、お上《かみ》からの地名変更にも表立った反対は少ない。それだからこそお役所は、慎重にすべきものだろう。その点、京都人の意地の強さが羨ましいことではある。

○

#「大島」地下鉄の駅名が「おおじま」となってからはまた元にもどりつつある。

ここ十年来の調査で、「山の手」と「下町」という対立で東京弁をとらえるべきではないと思うようになった。たしかに下町には商人《あきんど》や職人が多いから親代々居つくことも多く、自然古くからの江戸弁なり東京弁が残存する。一方山の手は、官吏や会社員が多い。従って移住者が多いことから、古い東京弁を操る者が少ないことも確かである。しかし、山の手在住の商人《あきんど》や職人たちが、それほど下町と違った話しぶりをしているわけでもない。第一、山の手と下町という境界線も、いや、その境界線の意識も問題である。これらについては、文字化した資料を公にした段階で、あらためて論じたいと思っている。

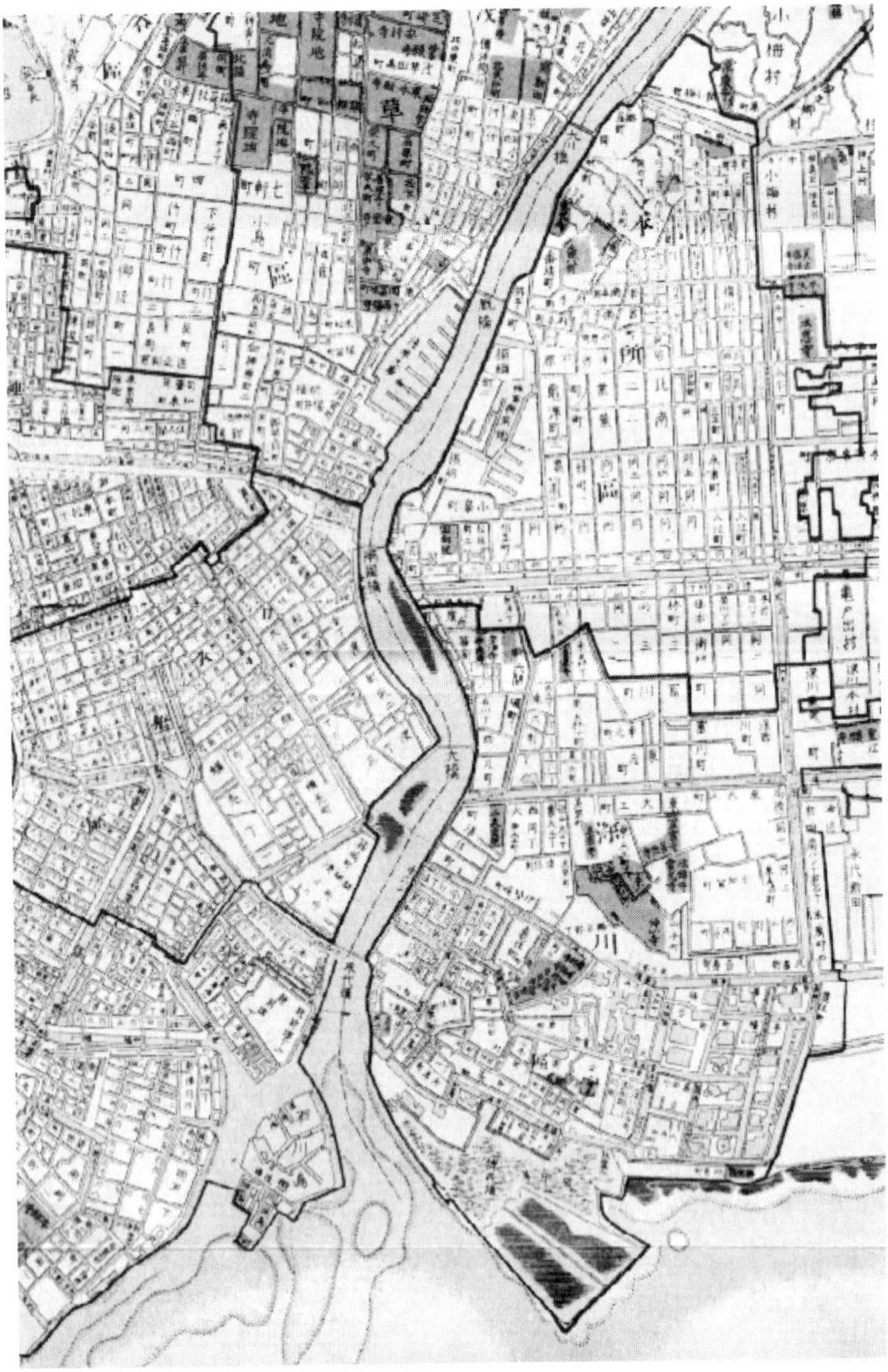

下町界隈（改正増補　東京区分新図　明治12年　より）

「東京のことば」聞書

東京語がどんどん変っていくという。それは、古めかしい東京弁を話す人が少なくなり、戦後生れの若者や地方からの転入者が多くなっただけのことで、旧市内に生れ育ったとしよりのことばが一足飛びに新しいことばに変ってしまったわけではない。古めかしいことばを使っても通じないから、そういう場や人の前では話さないだけのことである。使わなければ忘れる、ということはあるが、おとしよりに暫く昔の東京の話を伺っているうちに、堰を切ったように思い出されて話がはずんでくることは始終だった。

私は昭和三十年頃から、東京弁の発音やアクセントの調査を続けていた。東京旧市内にお育ちの方で、御両親ともに東京都区内でお育ちの、明治生まれの方を主な対象として、昔のお話を伺うことと、発音やアクセントを調べさせて頂くことが目的であった。

その頃は個人では録音器など高嶺の花で、発音やアクセントを聞き書きするばかりだった。その後、オープンリールのものを買うことができ、遠方の調査の折は小型のを利用したが、東

東京区分図

東京地区対照表

		（ ）旧15区　［ ］新20区 【 】新々３区			
			12	⑨［世田谷区］	
1	千代田区	（神田区）1（麹町区）2	13	⑩［渋谷区］	
2	中央区	（京橋区）3（日本橋区）4	14	⑪［杉並区］	
3	港区	（赤坂区）5（麻布区）6（芝区）7	15	⑫［中野区］	
4	新宿区	（牛込区）8（四谷区）9 ①［淀橋区］	16	⑬［豊島区］	
5	文京区	（小石川区）10（本郷区）11	17	【練馬区】	板橋区より分離
6	台東区	（浅草区）12（下谷区）13	18	⑭［板橋区］	
7	墨田区	（本所区）14 ②［向島区］	19	【北区】	⑮［王子区］⑯［滝野川区］
8	江東区	（深川区）15 ③［城東区］	20	⑰［荒川区］	
9	［品川区］	④［品川区］⑤［荏原区］	21	⑱［足立区］	
10	【大田区】	⑥［大森区］⑦［蒲田区］	22	⑲［葛飾区］	
11	⑧［目黒区］		23	⑳［江戸川区］	

京語の調査は十九インチのかかる大型録音器で行なうようになった。若かったとはいえ、大きく重い器械で、相当な重労働であった。

昭和五十年になると、日本放送表現センターの方々とご一緒に、NHK放送文化基金を頂くことができた。それで、録音や文字化、その整理の折などに、有志の方々の手助けを得ることができてありがたかった。

その頃は、明治生まれの方も六十代後半から七十代のお元気な方が多く、九十におなりの土岐善麿先生が一番のお年かさであった。私はつとめて、いろいろなお仕事の方のお話を伺うことを心がけ、昔の話や東京ことばのあれこれを録音したが、五十年から五十二年調査の一部を文字化してみた。東京弁の語り口を活字で再現するのはむずかしいが、発音を示したい部分はカタカナとし、アクセントやガ行鼻音を示すこととした。カタカナの太字の部分は高く発音されたところ、カ゚キ゚ク゚ケ゚コ゚はガ行鼻音を表す。また（　）内に補足や注をつけ、理解の助けとした。

以下、文字化部分はお話の通りだが、スペースの都合上省略した部分や、話が通じるように話題の順序を変えた場合がある。＊は辞書にその意義がでていないことを示す。

（1）八丁堀あたりの話

今回の話し手は、京橋区（現在中央区）元島町《もとじまちょう》から本八丁堀《ほんはっちょうぼり》で生育されたご兄妹で、お父様（板金業）の生育地は元島町、お母様は芝区（港区）田町である。（昭和五〇年八月一二日収録。年齢は調査時。）

○＝大谷代次郎《おおたにだいじろう》氏（明治三八年生、板金業、六九歳）
｜＝石川喜久《きく》氏（明治四〇年生、畳職、六七歳）

○

——お子さんの時、親御さんを何て……
○　オッカサン、それがふつうの言葉ですよ。
○｜　オトッツァン。
｜　小さい時にはオトッチャンとかね……
○　小学校卒業するくらいまではオトッチャンとかオッカチャンとかいってますよ。
——一太郎さんなんて時、イッツァンとかは？
○　イッツァンていう時と、イッチャンて……ごく親しい場合にはイッチャンて……それからまた、あの、よく自分が使われておったり、出あったりしているところはイッツァンて言う……

その辺も言葉の使い方の区別がありますね。

——オメーとかテメーとか……

○ 言いますね。ソーユーバアイニャー、オメー　ムコーィイク。カイーョ……自分より上の人にゃあそういうことは……オメントコノオヤジィ、この頃何だい、しょんぼりしちゃったじゃないか、ナンテーノを、ことを、言いますねえ。

— 言いますね。テメータチって言いますね。……ま、うちはそういうふうな、あの、ほら、マ、ナンテンデショーカネ、そんな、商人じゃないしねえ……職人ですからねえ、だから。

——御商売は?

○ まあねえ、ヤネヤサン。屋根屋さんが、あのう、屋根というのをいわゆるヘギイタ(折板)を使っておったのがだんだん営業が、状態が変ってきた。

——昔トントンブキッテいったあれですか?

○ あ、それそれ、そりゃあねえ、コケラブキッテいった。……ヘギイタ、柿葺《こけらぶ》きって……

——とんとん葺きとは?

○ 言いましたよ。*トントンヤネと、こう言いました。

— トントンブキ。

○ で、それが今度はそのう、それ、ボーカ(防火)というような部面と、ソイカラ、カプクプガ安いというので、一番最初は、えー、セキユドーコと称する、今の五ガロン缶ですね、要するにほらね、セキユカン、……昔は*石油銅壺って言った。それのね、上と下のね、底と頭《あたま》ですね、蓋、それを使って屋根を葺《ふ》いたのが一番最初、テンチブキッテノ、*天地葺き。……ソイデ、その胴を使って樋《とい》なんかを最初はやってた。竹のトイがそれんなって、それからだんだん現在のようなものに進化してきたわけですよ。

——その頃、名前にドンなんて……

○ それはねえ、大正の初めぐらいまではねえ、例えばコアミチョー（小網町）辺りのねえオーダナノ（大店）番頭さんでも……イチドンだとかいうような言葉をね使いましたけどね。

— 小僧さんのことね、ナニドンとかね。

○ 大正の、マ、大震災が一つの区切りですね、大正の中頃ぐらいから、ぼつぼつドンが使われなくなりました。

——女の人には？

— 女の人にはあんまり使わない。

○ シンカワノネー（新川）、酒問屋あたりがねえ、奥にいる、あの、表にはシンカワノ酒問屋はね、あれ居ないんですよね、オンナシュワ（女衆）居ないんですよ。だからあのう、奥のね、あれはみんなそういうふうに言われましたね、オンメドンとかね、……オウメじゃなくてオンメドン……

――オンバドンとは……

O　そりゃオンバサン（乳母）、それはサンでしたね。オイ　アスコノオンバサンニちょっとよくお世辞使っとけよなあなんて、よく言ったもんです。

――オンバヒ゜カサなんて……

I　あれ、オンバヒ゜カサで育ったから何もできないんだよっとかってねえ、言いますね。……だからオヒキズリなんだよって、こういうふうにね。……

――ジーヤナンテおっしゃいますか？

O　今だって言いますよ。ジーヤァよく使われるよって。

I　昔はアンタ、バーヤツカッテルトコトカサ、ジーヤ使ってるとことかっていうのは、ソレコサ、オタク゜カサ、今ユッタトーリ　オタナサントカ……

O　今言うね、お宅ってことばァ、東京の言葉じゃないすよ。よくねえ、オタクお宅って言うけどね、アンナノモー、カンデステタイヨ。

I　お宅って言わないわね。今皆が言うから……

O　NHKあたりでもオタクッテヌカシャー……

――この辺《あたり》、寄席とか講釈やってる所は……

○　シャクバ（釈場）。

｜　オーロジッテ（大路地）言ってた。

○　通称のねえ、そこにねえシャクバカ゜一軒あったから、そいでその、オーロジトいう、そのシロイ（広）ね、ロジが、まあ、この位、ちょうどね六畳間ぐらいの、その、道路なんですよ、それを大路地って言った。その時分にゃ大路地だとか、三角だとかね。

――それは、地名ですか？

○　ええ、そうそう、そこにあった。大体ハッチョーボリニャーネ（八丁堀）三軒ぐらい……

｜　ヨセトカネ。

○　シャクバァあったんですよ。それからイロモン（色物）の寄席がね、二軒ぐらいあった。

――震災の時は？

○　船でねえ、船で逃げたッ。……下《しも》の方だと、オーカワ（大川）の方くだるわけですよねッ。そうでなくね、いわゆる外堀ィのぼってってったワケ。あの、ナニワ（何）、ユーラクバシ（有楽橋）だのスキヤバシ（数寄屋橋）だのってナア、ありゃあ外堀、江戸城の。

――それで船は？

○　テンマセン（伝馬船）。

――そうすっと上が平ら。……京橋川を上ってってった……

Ｉ　石が乗っかってたわね、あれ。

Ｏ　そうそう、例えばわたしは中之橋というとっから行ったんですが、中之橋コ。クルト（潜）ナカノハシ。カ焼ける。……キンロクチョー（金六町）から大根河岸の京橋コ。クッテ……

――ダイコン。カシ？

Ｏ　ええダイコン。カシ。ダイコンとね、ダイコのね、間ぐらいでしょうね。

――おろすのは？

Ｏ　そりゃあダイコオロシ、そのくせありゃあダイコン。カシッテ言うんですよ。〈私はダイコロシといってました。〉あのヤッチャバノトコァ（青物市場）大根《だいこん》河岸。それを今ァ、さっきの話のようにですね。確然とはしてないから、ね、だからある場合には#ダイコ。カシッテ言う場合もあるし、ダイコン。カシッテ言う場合もある。

――で、戦災の時は新川で……

Ｏ　ええそうです。……私はねえ東京でンマレテ東京で育って、親戚もそうですからね……ワタシャー幸いにね、友人が何人もねえ、ソーユーナ時に*ウデカシ（腕貸）してくれる人があるんで。〈え？〉あの、援助してくれる人があるんです。

――あの公園（十思《じっし》公園）の辺は？

#「大根河岸」　久保田万太郎「寂しければ」、水上滝太郎「貝殻追放」（ともに『現代日本文学全集』）、安藤鶴夫『わたしの東京』等に「だいこ（がし）」の振仮名がある。

— ジュッシュ。
○ ジュッシですよ。これもねえ、あのうほら　*ローヤノハラ#（牢屋の原）って言った……
— #デンマチョーなんかの……デンマチョーノサー、ソレコサ　さあ、もり上がった所。
○ デンマチョー……いうのは、オーデンマチョーとコデンマチョー、さっき言った南伝馬町。
——合の宿なんて言葉は……
○ そらあ言いますよ。そのほら賑やかな所《とこ》と賑やかなとこの間の所ね。ここらもアイノシクだからね、深川へ買物にいくか或いはもう日本橋出なけりゃねえ、ナニモネーヨなんてユーンですよ。サケァーカタンマデなきゃ売らないしって、こういうふうにユーワケヨ。
——片馬？
— カタンマッテ、二斗樽の……
○ あの、シトダルノ一本を#片馬《かたんま》っての。……馬はね、両

#「牢屋の原」「あたしたちが牢屋の原とよぶ、以前の伝馬町大牢のあつた後の町から」（長谷川時雨『旧聞日本橋』）

#「でんまちょう」　現在の辞書類や岸井良衛氏は「テ」だが、『日本地名大辞典』（昭和一三年刊）は「デ」。107ページ参照。

#「かたんま」　正岡容『明治東京風俗語事典』では「かたうま（半駄）四斗樽の半分（二斗）」とあるが、馬場下のしにせ「三朝庵」（そば屋）や「すゞ金」（うなぎ屋）の御主人も「片馬」は四斗樽一本であった。同じく「小倉屋」（酒屋）の女主人（明治三九年生）も、四斗樽二本がイチダンであるし、埼玉県川越の蔵元でも「片馬」は四斗樽一本、イチダンは四斗樽二本だった。皆さん「一駄」と書いてイ

方に積まなきゃ具合が悪いでしょ。ね、コッチー四斗樽積み、こっちぃ四斗樽で、ンマ。カこう歩くわけよ。それをカタッポしか積まなきゃ片馬ってわけ。そいで両方積むとイチダ（*一駄）、だから酒は一本下さいって言った時にゃ、東京の、その江戸の言葉では樽でシトツをあの、カタンマクレッテユーフニ……両方これ積めば、あの馬《んま》が満足に歩く（?）から、それをイチダン、一駄《いちだ》と書いてそれをなまってね、イチダンってね。……ソイカラ今言った二斗樽はウン、フタツワリ、一斗樽がヨツワリ。

——とダイドコニワどこでも四斗樽……

O　まあ、そうはいかない。

I　そうはいかないやねえ。

O　ま、お正月は大体ね、二つ割とか*四つ割とか……置くうちゃあ大きい方ですよ。その上にさっき話《はなし》したオカザリオ（お飾り）乗っける。

チダンというと言われたが、或いは「一駄荷」の転かもしれない。

（2）下谷のことば

今回の話し手は、下谷区（現在台東区）上根岸町でお育ちの上野光之氏、御両親はともに下谷山伏町で生育されたという、生粋の下谷っ子であられる。奥様のすずを様も上根岸でお育ちで、泉鏡花が夫人の「すず」という名からとって名付親となられたという。（昭和五二年二月二二日収録。年齢は調査時。）

U＝上野光之《うえのみつゆき》氏（明治三四年生、柳川派の彫金家（彫物師）。号は柳齋。七五歳）

二階の仕事場でお話を伺う。

○

――あの丸い丸太は何と？

U　台ですね、ふつうダイイッテ言いますけど、あれ、やっぱり欅《けやき》なんです。あたくし、焼けるまではね、日本橋が今の橋に掛けかえになる前のハシゲタダッタンデス。入札で落して……

――何でできてるんですか？

U　欅ですよ。こんな#アツカッタンデスヨ。それが#イクツモ

#「厚かった」　アツカッタは、ツが無声化したために高さの山が一拍うしろにずれたもの。

#「幾つも」　イクツモは、クが無声化する。強調形では、イクツモでなくなるのはごくふつう。イクラがイックラとなるのも同様のこと。

あったんです。弟子がオーゼ（大勢）いたから。それね、ここに住んでないネギシでしょ。根岸ですから#ンメトキデモ（埋）すりゃイックラデモ助かったわけですよ、庭があったんだから。それ平気でもってね、出しっぱなしにして……たくさんあったんですよ。だからあたしはエバッテタンデスヨ。東京のホリモノシッテノワネ、こう、日本橋の橋のハシゲタデコサエタ　オシギデ（押木）彫ってるんだから。オレダケダッテ　ユーフーニ、エバッテタンデスヨ。

#「ンメル・ンマク」「うま・うめ・うも」は東京弁では原則としてンマ・ンメ・ンモとなる。#「帯留」一般に、辞書の「帯留」の解説はおかしい。執筆者の使用語彙でないせいか。

——こういうお仕事はやっぱり彫物師って……

U　ええ、彫物師っていうのがほんとの言い方です。

——で、彫物という時には……

U　ホリモノトワ言わないんです。チョーコクッテユー、言っちゃいますね、ふつうは。我々はずうっと、自分は彫物師だと思って言ってましたけど、今はそれをチョーキンテ（彫金）いっちゃいます。

——今はお弟子さんはあまり置かないで……

U　え、私は全然弟子っていうのはね、あのう、ヒトリッシカ居ないんですけどね、それももう、うちのような仕事しなくなっちゃってっから……お金をかせぐって仕事じゃないですからね、今もう。もう、そうなってますねえ。
——そういうものを身につけることが少なくなったんでしょうか？
U　いや、知らないいんじゃないんですか。これからはやるか、そりゃ分からないですけども。今、♯オビドメッテ言いますけども、あれは結局、（刀の）メヌキ。カ（目貫）変化したもんですからね。ええ、メヌキノホリカタデス。
——職人さんの場合は、内職《うちじょく》っておっしゃいますか、それとも居職《いじょく》って……
U　イジョクデスネ、コーユーノワ　イジョクッテイッタ……
——居職じゃないのは……
U　ヤジョク（屋職）。大工さんやシャカンヤナンカ、みんなあれ、ヤジョクデスネ。あれも屋職なんですよ、建具屋みたいにうちでやってても。ああいうふうな、立って（仕事するのは）屋職ですね。サシモノシニなると居職ですね。サシモノッテート、結局……
——すわってやるのが……
U　そうなんですね。
——東京のことばでも、居職と屋職では違いますものね。
U　そうですね、屋職の方があらっぽいですね。

――話は変りますが、お小さい時、*#千艘や万艘なんて……

U　ア**タク**シタチ、子供の頃から夜《よる》んなって眠くなると、いつも親がだっこして、**セ**ンゾヤ**マ**ンゾ、オ**フネワ**ギッチラコ、**ギ**ッチラ**ギ**ッチラ**コ**゜ゲバ、オ**エ**ベスカ（夷）**ダイコ**クカ（大黒）**コ**チャ#**フー**クノ**カー**ミ**ヨ**ッテ（福の神）、こうやって膝でゆられて……

――私は、**ギ**ッチラ**ギ**ッチラ**ギ**ッチラコまでしか存じませんが。何か亀戸の天神様でそういうお祭があったんだそうで……

U　そうですか。それはあたくしは存じませんけどね。今私たちは言いませんけども、子供の頃親がいろんな話しますね。そうすると**イ**チカ゚サ**カ**エテ、#メ**デ**タシ　メ**デ**タシッテ、話のおしまいには……

――例えば桃太郎《ももたろ》さんの話なんかでも?

U　ええそう。桃太郎さんなら桃太郎さんが宝を、ね、車につんでおうちぃ帰って来たんだとさって、市が栄えてメ**デ**タシメ**デ**タシナンテ、よくそんな話をしましたね。デ、一番はじめに、**マー**ズアルトコロニッテユーノカ゚、ハ**ナシノ** *#**シダ**シデスネ。

「千艘や万艘」　ある大型辞書に関係していた時、この用法を入れたいと言ったが、活字化されたものがないと辞書には載せられないということだった。なお、私どもは幼児を膝にのせ向い合って手を握り、前後に体をゆさぶって歌ったものであった。

「福の神」　一回め、あまり節をつけない時はフ**ク**ノカミ**ヨ**と発音された。東京の古いアクセントはカミヨ、変化して今は**カ**ミとなった。「大黒」も**ダイコク**と**ダイコ**クの両様だった。

「めでたし・めでたし」　上野氏はメ**デ**タシ・メ**デ**タシだが、新しいアクセントはメ**デタ**シ・メ**デ**タシ

――昔々ではなくて……
U　ええ、マーズ、ある所に、おじいさんとおばあさんがあったんだよって、…ええ、そういう訳ですね。それをまあ、子供に聞き流してっからマーズアルトコロニッテ聞いてましたけどね、どの話にも……
――私なんか小さい時分、地震が夜中にありますとね、父や母が、今何刻《なんどき》だって数えたものですが……
U　エーエー、地震の勘定しますね。今でもね、子供がね、お父ちゃん、今の地震は何ですか？　なんて聞きますよ。ありゃあ何て言ったかな、ゴシチワアメニ（五七は雨に）ヨツヒデリ（四つ旱）、ムツヤツカゼニ（六つ八つ風に）#クワヤマイ（九は病）ですか。
――ムツヤツナラバ、#カゼトシルベシとはおっしゃいませんか？
U　ムツヤツカゼニ、クワヤマイッテ私《わたし》たちはソーフニ聞きましたけど……やっぱりあたる時もございますね。

#「仕出し」一番初め。
#「九と五のアクセント」現在単独ではクワ、クニナルのような発音が一般だが、「五《ご》」と同じく、古くはクニナル、ゴニナルと発音されていた。
#「六つ、八つならば風と知るべし」同様の形が林えり子『宵越《よいご》しの銭《ぜに》　東京っ子ことば』の中にあった。「九は病。五、七は雨で、四つ日照り。」のあとに続く。
―秋谷勝三老人聞き書き

――寝《い》ぎたないなんてことは……

U　ええ、今言うと、だらしがない、でしょうね。だけどダラシノナイッテ言葉も、あれは私《わたし》の母なんかは、そういう言葉を使っちゃいけないなんて言いましたよ。あれは、#シダラカ゚ナイッテ。それを、今の人でもそうですね、逆にちょっと言葉を言いかえる、あれのようだったんじゃないんですか。イ゜キタナイッテいうのは寝てなくっても寝汚《いぎた》ないとは言いましたね。

――それは、女に多く……

U　いや、男だってそうですよ。昔はかしこまってないと叱られたもんでしょ。ちょっとヨコッツワリナンカ（横座り）してると、イ゜キタナイッテよく言われましたよ。

――その程度でも……

U　あたしなんか、あぐらかいたり足出したりしますとね、イ゜キタナイジャナイカッテ言われましたよ。

――今の感じでしたら、もっとこう、デレーントした感じの時に……

U　そうですね、まあネッコロカ゚ッテルことは昔はなかったですからね。

――ことし、私は気んなってしょうがないんですけど、テレビなんかでナナジュー・ナナネ

#「しだらがない」　三馬の『浮世床』「なんの。だらしもねへくせに」の割注に「しだらがないトいふ事を「だらし」がない、「きせる」を「せるき」などいふたぐひ、下俗の方言也」とある。

ンっていいますね。私は**シチジューシチ**ネンテ言うんですが……

U　**シチジューシチ**カ゚ほんとですけどね。あれ、あの**シチ**ッテユノ……いやがるんです。**ソイダ**カラ　**ナ**ナと言いかえちゃうんですね。あれはいやがるシ**ト**カ゚（人）アンデスヨ。シ**チ**ッテユーノを。**ソイダ**ノ、シノジ（四の字）をいやがっていう人《しと》もありますね。

——石高《こくだか》でございますね、**ヨンヒャ**ッコクっていう人がありますが……

U　シ**ヒャ**ッコクですけどもね。そうすっと聞きづらい**バーイ**。**カ**（場合）あると思って……いっちゃうんですね。

——シッ**チャ**ッコク（七百石）とおっしゃいますか？　シ**チヒャ**ッコクと……

U　シ**チヒャ**ッコクとは言いませんね。東京は、シッ**チャ**ッコクッテ、**ユー**ンジャないんですか。その方が東京の言葉でしょう。まあ、今の人ですと聞き間違える、イ**チ**トカ　シ**チ**トカ、**キマチカ゚**エル場合があるから、分かるように、**ソーユーフー**ニ　**ユーヨ**ーナ　クセンナッチャッタンジャ**ナ**インデショーカ。

——*#旬《しゅん》が早いっていうのは……

U　シ**ュン**。**カハヤ**イっていうのは、**ナ**ンテンデショー、やるべき時じゃないのにちょっと早めにやっちゃって……

——食べ物のことじゃなくても……

#「旬が早い」　久保田万太郎の『末枯《うらがれ》』に「今年はすこしいつもより旬《しゅん》が早いやうに思はれますが。」とある。「旬が早い」の形では辞書になし。

U　ええ、タベモノデなくても言います。仕事なんかでもね、アー、シュンガハヤカッタジャナイカッテ、マー、ジセーを見てやらなきゃいけないって意味じゃないんですか、旬が早いってのは。つまり、こういうような仕事をしても、そのう、シデ（火）あったためてやる場合がありますね。それがあのう、少しハヤマニ（早間）やるってえと、そのうあったまり具合がよくない場合がありますね。そんな時に、ああ少し旬が早かったじゃないかって、なんて言われました。

――あがきがつかないなんて……

U　ニッチモサッチモいかなくなっちゃうと……ええ、#アガキガツカナイッテいうのは、生活に対してよく言いますね。

――それから着物が、なんかこう裏が……

U　ええ、裾がからまること、言いますよ、アガキガツカナイッテ……

――おっしゃいますか。*#アガキガワルイッテ私はよく言うんですが、皆さん、そんなことは言わない、辞書にも書いてないなんて。

U　ええ、アガキガワルイとか、アガキガツカナイトカ。ソイ

「あがきがつかない」 万太郎にはこの意義での例が多い。
「あがきが悪い」 着物の裾がからまって裾さばきが悪い時の意義は辞書にない。「（昔は着物はつごう三枚着《ぎ》、その上に羽織で）ずい分あがきが悪かった事でせうが、往来が静かですから歩けもした事と思います。」（『ふみ女覚え書』私家版。なお、秋永ふみは明治二六年生まれで筆者の母。）

カラ、それの場合は仕事の事でも、マー、ナンテンデス、我々の場合ですと、お金の面だけでなくっても、かねとかねをフイテ合わせる場合がありますね、フイ゜コデ。その時に#ンマクいかないと、ほかのかねと合わした時にナジミ。カツカナイ場合がありますね、色のなじみが。ソースットあがきがつかない、こうなっちゃあがきがつかないって言いますよ。

——ふいごをやっぱりお使いですか。

U　ええ、今は使わないですけどもね、ふいごを使うんです、大体は。ですからふいご祭もするんですよ。

（3） 浅草のことば

今回は、浅草区阿部川町《あべかわちょう》から下谷区根岸（現在ともに台東区）で生育され、十四歳からはまた浅草小島町で修業された北島秀松氏にお話をうかがった。御両親もともに浅草で生育されたというだけに、威勢のいい東京弁で、一回めは着物やお仕事の、二回めは東京弁のあれこれを中心にお話頂いた。奥様のきぬ様も王子で生まれ浅草でお育ちで、御両親も浅草でお育ちということである。（昭和五一年四月八日及び五二年二月二二日収録。年齢は五一年の調査時。）

K＝北島秀松《きたじまひでまつ》氏（明治三八年生。浮世絵版画師。七〇歳）

kn＝北島きぬ氏（大正一一年生。五四歳）

○

――今着てらっしゃる、これは何て……

K　こりゃあ別に、仕事に必ず着るってもんじゃあ……これはねえ、*#ダボシャツッテいいましてキモンノシタィ（着物の下へ）着るシャツです。ココー、コーナッテン……

――手は半袖で？

K　普通の半袖、普通にはここまで。これ、ほら、キモンキットト着物《きもん》がからんだりなんかスッデショー。そのために下町の、着物《きもん》着るおしゃれなシトワ（人）これを着て歩く。サバキ。カいいから。

――下はなんて言うんですか？

K　これですか？　これ（上）とこれ（下）はツイデス。

kn　対でダボシャツ。

――股引とは言わないんですか？　たっつけ？

K　言わないんです。上下《うえした》そろってて ん……

――色はおんなじ？

K　色は、これ（＝紺）があったり、茶があったり、大体三色《みいろ》ぐらい、ねずみ色と……

――お仕事の時はそういうのを……

K　昔はねえ、この商売はねえ、あのヤジョクト（屋職）おんなじで、ハラ。カケモモシキデ（腹掛、股引）やった。腹掛っての

＃「ダボシャツ」　ダボシャツは白いダブダブのシャツだけかと思っていたら、色物もあり、下衣も含めて対《つい》でいうとは知らなかった。見坊豪紀『辞書をつくる』217ページには、「やくざの夏姿」で、「ダボダボのシャツだからダボシャツというのだろう……」とある。職人さんも着るし、やくざとは限らない。東京ではダブダブとしか言わないが、九州ではダブダブをダボダボと言う所もあるし、裾があいていて風通しがいいから、おそらく九州あたりの暑い地域からはやってきたものだろう。

は、こうやってよく職人カケッデショー。今ぁお祭やなんかん時。で、ああいうものを着てやったんですけど、わたしの時代には自由……屋職とオンナシヨーナ。

——こちらは居職とおっしゃいますんですね。

K　イジョクデス。こちらのは親がやってたし……親父の商売やることとんなって、そいでまあ何とか。ソイデ、#あぐらかくのが一つの。だから用がなきゃあ、あぐらかいてる。

——それがおけいこ。

K　そういう。だから十五以上過ぎちゃうと体が固くなってきて苦しいんで、十四で（ないと）駄目なんです、ええ。

——少し、東京のことばを教えてください。……いい間《ま》のふりなんてことばは……

K　#イーマノ・フリ・シヤガッテッテ。いい間のふりっていうことは、やっぱり、#ヨガッテルッテいう意味ですよ。ヨガッテルッテコト。自分だけよがってるっていうような意味ですよ。

——いたしめるなんて……

#「あぐら」　ふつうのあぐらとは違い、膝までぴたりと床について体位が決まる。

#「いい間のふり」「落語のことばと東京弁」に数例あげた。

↓151ページ

#「よがってる」「よがる」は『日本国語大辞典』に「愉快に思う。得意になる。」として『当世書生気質』の例が上がる。だが、この例と同じく「いい気になる・得意になる」というような意味で、「愉快に思う」は当たらないのでは?

#「いたしめる」「いためつける。いじめる。」(『日本国語大辞典』)、「懲らす」(「旧市域の語彙」『東京方言集』）とある

K　#イタシメルッテことは、やるってこと。#デッチルッテコト。

――でっちるってことばがあるんですか。

K　ええ、ありますよ。デッチルッテコタアなぐるとか……そりゃ下町の職人ていうより、むしろ何ていうかな、やっぱし#テキヤミタイナ感じの人《ひと》が多いんじゃないですか、そういうことは。と、思いますよ。

――尻腰《しっこし》がないなんて。

K　やっぱり、つまり、ナンテーカナ。コンジョガ（根性）ないってような意味。#シッコシガナイ、ダラシガネーヤ。

――ぞんきなことって……

K　#ゾンキナ・コトッテノワ　やっぱりぞんざいなことって意味ですね。ゾンキダヨお前はってことは言いますよ。ぞんきだねお前、ってこういう。もう少し言い方があんだろうってね。

――唾《つ》を返すなんて……

K　#ツーオ・カエス、そりゃツーカエスッテナ、つまり、要す

が、「いじめる。こらす」というよりもっとひどくて、「いためつける」の方がぴったりする。

#「でっちる」　楳垣実『隠語辞典』に「なぐる。（香具・盗）」とあるから、香具師《やし》仲間で使われたものだろう。

#「てきや」　北島氏はテキヤと平板型だが、アクセント注記辞典はすべてテキヤ。一九九〇年前後の東京旧市内高年層二十数名調査では平板型と中高型が半々であった。

#「尻腰がない」　シッコシと中高型を注記する辞書もあるが、今回の調査ではすべて平板型だった。意識も「しっかりした所が無い」とか「落ち着きが

るに、ヘントー（返答）、*ヘンカエシするわけですよね。親方はそう言ったけど、ソージャ・ネーンダッテ、それをツーカエスッテ・ユーンダ。言い訳《わけ》したりなんかするでしょ、よく。そうじゃありませんよ、親方、こうだよってのは、つう返すってわけですね。そりゃ言いましたね。

K　ムカシャーみんな、我々の商売でも、職人ていうのは、みんな、あの、#サイギョーッテ言って、サイギョースルッテッテ、西行法師にゃ意味はないけどね、方々仕事行くのは西行っててんですよ。だからトーキョニ（東京）知ってる人《しと》がいなくて、カンサイから（関西）来るでしょ。で、知らないでもこういう商売のウチッテートト、アタシャ・カンサイノ・コーユーモンデゴザンス、そこのうち行って仕事させない、おんなし商売させなければ、わらじ銭モタシテかえすとかって、西行ってんですよ、それ。

――ほとほとしたってことは……

K　もう、あいつにゃ、もう、ほんとに、#ホトホトシタヨッテことは言いますよ。そらやっぱり困った事ですよね、手がつけら

ない。」というのは当たらず、「根性《こんじょ》・意気地がないんだから、本当に！」というような時に品が悪いと知りながら私も使っている。数例あげておく。「尻腰《しっこし》のねえ大だはけめ。」（「村井長庵」）、「幾日《いっか》たっても来ねえから尻腰《しっこし》のねえ親父だと」（「髪結新三」）のように河竹黙阿弥のものには例が多い。「尻腰《しっこし》のねえやつ、つまり意気地がないという言葉は、当時非常に流行《はや》ったので……」（飯島友治『円生全集』三上の「輪講」のうち）。「もしきいて頂けるなら、ネタ取りのために、人の家に住み込めるほどの尻腰は、私にはなかったのである。」（幸田文。朝日新聞　昭和45年5月28日）

れない。ヤッニャ（奴）ほんとにホトホトシタッテ、そういう意味ですよ。ホトホトッテナ、使いますよ。ホトホト今度は参ったよって言う、我々言ってたもんね、こないだうちゃね。

――奥さんが入院されて……

K　そうそう。

――子供の時分の歌というと……

K　歌だって昔、ずいぶんいろいろあったからね。今の時代じゃ考えられない。例のさ、凡そ東京《とうきょ》で黙って売る物は、それは表へ売りに来るもんですよね、初午《はつんま》の太鼓がどろつくどんどんどんって、あれ太鼓だけ叩いて……

kn　売り声がないわけね。

K　トーキョワ　オイナリサンいっぱいありましたからね。だから初午の時分は盛んでした。だからあたしら子供の時分にアスコノ、今日は伊勢屋の酒屋で初午だよってえと、お菓子もらえるから、みんな太鼓叩きに行ったもんだよね。

――子供が叩くんですか？

#「ぞんき」　辞書では「のんきで無責任な奴。」（正岡容『明治東京風俗語事典』）、「思いやりがないこと。愛想がないこと。また、そのさま。」（『日本国語大辞典』）とあるがちょっとずれている。「例えば今年八十歳になる母と『お前はぞんきな子だねえ』」（石川潭月『演劇界』52年3月）。「毀《こは》れものはぞんきに扱っちゃアいけねえ。」（久保田万太郎『市井人』）。「が、無下《むげ》に、ぞんきにさうされると。」（同『花冷え』）。「今でもぞんきって言いますけどね。なんて言うんでしょ。まあ荒っぽくつきはなすような場合にゾンキニスルとかって今でも使いますけど……」（上野

K　叩く。子供にアソバセンデスヨ。ソイデあの、お祭じゃないけど、蜜柑だのお菓子を袋に入れて、くれるんですよ。

kn　今はね、そんなのあんまりやらないけど。

K　やらない。ムカシャ、シニセカ゜（老舗）いっぱいあったから。でも、こないだ、おれの友だちがやったけどね。毎年《まいとし》やってたよね。オヨソ　トーキョデ　ダマッテ　ウルモノワ　ハツンマノタイコカ゜ドロツクドンドン　ドン、フーリンヤカ゜　チンリンチンリン、ムシヤカ゜チンチンチロリンテ歌があったんだもの。ソイデ、ジョサイヤカ゜ガタガタ　イッテトエバ

——通れば、ですか？

K　そう、イッテトエバッテ言ってましたね。それをまるめていっしょに言うんですよ。コンダ、ええ、これっぱかりの歌だから。（もう一度同じ歌。但し二回めはジョサイヤカ゜）。コレオマルメテツーニユート、ドンドン　チンチン　チンチロリンノ　ガタガターノ（二度めは、ガタガータノ）ガタ。それだけの#歌なんだよね。

光之氏）

#「ツゥを返す」「だいいち、お前さんにつウを返したことがないてえじゃァないか、あたしどもの家内《かない》に小言をいうときにはお前さんとこのお竹さんがいつもひき合いに出るくらいのもんだ、」（桂文楽「心眼」。安藤鶴夫『わが落語鑑賞』による）にもあるように、「ツーを返す」と長音に発音することが多い。辞書ではすべて「つをかえす」。

#「西行」『隠語辞典』などには「各地の人夫部屋を渡り歩く者。」とあるが、職種によっては職人さんも使うようである。

#「ほとほとした」東京方言では「ほとほとした」のように

――#牡丹に唐獅子なんて、おやりに……

K　ええ、あれは……ボタンニ　カラシシタケニトラ、トラオフンマエ　ワトーナイ、ナイトーサマワ　サ。カリフジ、フジミサイ。キョー　サカサムキ（秋永はトラオフマエタ…ウシロムキ）、ムキミハマ。クリ　バカハシラ、ハシラワ　ニカイトエンノシタ、シタヤウエノノ　ヤマカツラ、カツラブンジワハナシカデ、デンデン　タイコニ　ショーノフエ、エンマワボント　オショーガツ、オショーガツノ　タカラブネ、タカラブネニワ　シチフクジン、ジンゴー　コーゴー　タケノウチ、そんなとこまで覚えた。そりゃ盛んにやりましたよ、子供の時分。

サ変動詞で使う例がよくみられる。万太郎『大寺学校』の「ほとくしたやうに」は珍しいというわけではない。

#「凡そ東京で…」　この歌？ご存じの方、御教示下さい。

#「牡丹に唐獅子…」「あづま流行時代子供うた」（『続日本歌謡集成』五、154ページ）ではもっと長い。

（4）　深川のことば

今回は深川区佐賀町（サガチョー）でお育ちの山本芳三郎氏に、秋永正夫氏宅で昔のお話をうかがったもの。山本氏のお父様も深川育ちで、門前山本町（ともに現在江東区）で沢田屋といい、永代橋の近くであるところから、名付けて永代シャツを製造販売されていた。お母様は江戸川区小松川で生育された。（昭和五一年三月二〇日収録。年齢は調査時。）

Y＝山本芳三郎《よしさぶろう》氏（明治三四年生。鉄工業。七四歳。）

○

——深川といえばオミコシ、おかつぎんなりましたか。

Y　ええ、ミコシ（御輿）、かつぎましたよ。

——何かその頃は縮緬のオフンドシとか。

Y　ええ、ソーソーソーソー、それはね、縮緬も一色《しといろ》でなく三色《みいろ》ぐらいのね、白に赤に、青。青っていっても紺に近いほう。

——で、それは縮緬ですか?

Y　縮緬です。青って、ああ、何だろうなあれ、紫ったほうがいいのかな、紫がかったね、うん。

——で、それを三本というのは？

Y　ただ体裁でふつうのふんどしゃあしてて。

——その上に、回すんですか？

Y　ええ、マーシマスヨ。垂れ下げてね、ずっと。

——で、その上は何か着てるんですか？

Y　ハンテン着てますよ。或いは入れ墨。

——半纏着るとお褌が見えないんじゃないですか。

Y　いやいや、そんな長い半纏じゃないから、腰っきりですから。褌がこう垂れ下がってんだから。一つの飾りだから。膝近くまでこう、ぶるさがってるんだから。

——水かけると、濡れますよね。

Y　そいう人はワキー行ってるから、かついでんじゃないんだから。なんでしょう。褌してる者はね、一《しと》つの体裁で、御輿の前で世話焼きやるぐらいんところで……ミコシー向かって（水を）掛けるんだから。

——桶か何かで？

Y　四斗樽が所々に置いてあった。バケツとソイカラ　テオケ（手桶）。二本こうあった昔のあれですよ。
——みんな焼けちゃったわけですね。
Y　焼けて、みんなこしらえましたよ。負けずにね、お祭きちがいかな。子どもはね、お揃いの半纏で白の半股引き。白の#ハダシタビで、鉢巻して、水ブッカケラレンダカラ　タマラネースヨ。だから御輿の上ェ水がかかればいいんだけどね、ヘタ　カケットおみこしの胴中へかかっちゃうとはねっかえって、かついでる者ァね、ナンデスヨ、川へオッコッタヨーン　ナッチャイマス。また人《しと》ォめがけて、水ぶっかけんのもいるしね。
——ああ、悪さしてね。それでお酒は？
Y　終ってからテジメオ（手締め）やって、酒樽抜いてね、鏡を抜いて、柄杓《ししゃく》が何本もあっから、そいで……
——やっぱり四斗樽《しと》で？
Y　#四斗樽《ひと》ですよ、ヨントダル、四斗樽《ひと》なんて言わねえ、ヨントダルダ。……マーリー（回りに）菰《こも》がついてってでしょ。こう切って、そいで鏡をブンヌイテ、さあ飲め！　ですよ。
——カン。ギョーッテ（寒行）いうと……

#「はだし足袋」「じか足袋」や「足袋はだし」と同意語とする辞書もあるが、お祭や運動会などではく、白い、底の厚い足袋で、労働用のものではない。
#「四斗樽」　シトダルともヒトダルとも聞こえた。筆者は幼時「人樽《ひと》」とばかり思っていた。

Y　深川のお不動様、昔はね、カンノウチ（寒中）三十日間、みんなその、ロッコンショージョー、六根清浄って、リン（鈴）を下げてね、提灯を持って、オフドーサマのスイギョーバエ（水行場）行ったもんですよ。

――その時のお着物は？

Y　ギョーイッテユーノ。ギョーイ（行衣）。そいでお不動様の真言てのがあんですよ。それを唱えて、そいでネ。カイコトオ（願事を）。

――真言て、今ちょっといけませんか。

Y　いいですよ。ノーマクサンマンダー、バーサラダー、センダンマーカロシャーダー、ソワタヤ　ウンタカター　カンマン。長い、それでお経を上げる間にそれを……

――お経は何の？

Y　シンギョー（心経）が多いです。

――あ、摩訶般若波羅蜜多《まかはんにゃはらみった》。

Y　そうそう。で、昔は井戸があん《デ》すよ。上へ立つ人が（水を）かけてくれるんですよ。体ぁこんなってね、ヨクモトクモ（欲も得も）なくなっちゃうわけね。そうすっと無我の（境地に）……

――その、終ったらお湯に入るってわけじゃなく……

Y　**カン・サンジューニチワ**風呂へはいらないんです。体ァかえっていけない。

――はいらないで毎日水を？

Y　ええそう、浴びるわけよ。だから体だってマックロンなっちゃいますよ。**ネガイワ**（願）三日浴びて、それからお礼をするわけ。それが三日あるんですよ。で六日間は……

――で、うまくいかなきゃあお礼はしないわけ。

Y　いやあ、そんなこたあない。そんなんじゃね、信心ならない。

――浴びてる人は何人もいるんですか？

Y　あんまりいませんよ。いや**カンマイリワ**（寒参り）ありますよ。五十人ぐらいいくんじゃないですか。

――何時頃になりますか？

Y　まあ、八時頃からなんでしょう。**チリン**チリン、**チリン**チリンやってね。駆けだしてくんです。そいじゃなきゃ寒くってやりきれないデすよ。#**タビハダシ**（足袋はだし）で。

――お花見っていうと、向島《むこうじま》ですか？

Y　え、向島です。

#「足袋はだし」　この頃は何と、「靴下はだし」の例まで出た。「クツがどこにあるかわからないから、クツ下はだしで、暗い道を選って、家へ走って帰って、」（天藤真『炎の背景』昭51・7）

——それで、何に乗って……

Y　船で。昔このアミブネッテユノガ（網船）ずいぶんあったんですよ。或いはその、テンマデスネ。テンマセンテノガあんですよ。そいでまあ近所の人とね、大勢……

——座りにくいんじゃあないですか。

Y　ちゃんともう船頭が前に洗ってね。ちゃんと筵敷いてね。いろんな仮装してね。

——はあ、男の方《かた》が仮装する。男ばっかりですか、いらっしゃるのは。

Y　いや、女も行きます。女の人ァ三味線もったりなんかしてね、アネサンカブリ（姉さんかぶり）したりなんかして。

——仮装っていうと、女の恰好したり……

Y　女のカッコしたり、いきな股引はいてね、ちょっと尻を、シリッパショリやって。或いはお面をかぶったり、そいからかつらかぶったり。

——ぼてかつら、張りぼて？　浅草かなんかで……

Y　ん、ハリボテノ安い。ちょんまげがついてるよなのもある。そゆのをかぶってね。でまあ、甘いもん好きな者はお団子食べると。言問《こととい》団子をね。でまあ何でしょ、酒の好きな者ァ酒飲む。でどんちゃん騒ぎして帰ってくるわけですよ。

——で、帰りに仲《なか》（吉原）へくりこむのも……

Y　ああ、（そういう人も）いるんですよ。ショーデンサマ（聖天様）とか、なかなかあの辺もいいとこでね。二つ並んで#枕橋とか、なんとかって……

――それは大正ですか？

Y　いや明治からずうっとつながって。大正、そうね初めの方ですね、あっても。

――そういう時歌うのは端唄《はうた》ですか？

Y　ええまあ、たいがい端唄ですね。#ビンホットカ何《なん》かああいったふうな。鬢のほつれは……

――ほかに、船が出んのは？

Y　ええ、そいから#シオシガ（汐干）あります。この、月島のちょっと先ィ行きゃあ、蛤やあさり、うんと取れたんだから。なにゃあ、島なんかないすよ。アイオイバシノ（相生橋）上からみりゃあ、#鋸山《のこぎりやま》がメータンだから。ずうっと海ですよ。そこに#シビッテッテ（篊）、のりを取るね、竹のなにが、ぱあっと一面にあったもんですよ。

#「枕橋」「二つ並べし枕橋」など、小唄にもある。古くは「源森橋《げんもりばし》」といい、その北の小橋と枕を並べたようにあるので、俗に二橋を総称していう。

#「びんほつ」「びんのほつれは」ではじまる端唄。略して「びんほつ」という。

#「汐干」シオシ、シヨシ、シヨシ。カリなど、よく聞くなまりである。

#「鋸山」千葉県安房郡の鋸山。

#「しび」シビ（篊）はヒビの転。

――子供さんたちつれて。お酒は？

Y　モッテキマスヨ。シオヒ。カリー行くにもね、酒ァつきもんでね。そいで、うんとあさりだの蛤だの取って、カイッテクルンデスヨ。

――あとは？

Y　あとはね、花火があんですよ。これもみんな船で行くんですよ。御存じアッデショ。

――ここからですか？

Y　このオナギガワ（小名木川）からずうっと行ったもんですよ。或るいはサガチョー（佐賀町）からエータイバシ（永代橋）から、こう、上げ潮へ乗ってやってくる。

――船は？

Y　網船もあれば伝馬船もあるし。

――そうすると、浜町河岸のあたりでご覧になるわけですか？

Y　ええそうです。アスコラヘンデショー。#ハマチョーより両国のね。この川（＝竪《たて》川）出たあたり。

――その頃、泳がれたのはどこで？

Y　ええ、ハマチョーガシ（浜町河岸）。そいから横網《よこあみ》でもあり

「浜町」　浜町近辺の者はハマチョーと発音するが、東京でもあまり馴染みのない地域ではハマチョーという。

ましたよ。

——ハマチョーっていうとムコーガシ（向河岸）ですね。

Y　ええ、#ムコッカシ。こっちかわァ、ヒャッポングイノ（百本杭）あすこらへんでしょう。アカフンデ（赤褌）泳いだんですよ。帽子かぶってね。運動帽子みたいなもんで。

——その頃は、先生みたいなのが。

Y　ええいるんですよ。帽子でね、この筋が、真っ白けから、一本とか二本とか三本とかだんだん上がってくわけ。*ヨツワリンなるとか*ハンアカン（半赤に）なるとかね。赤いのは先生だから。女はジバン（襦袢）着て腰巻きで……

——シャツを始めてつくられたとか。

Y　ええ、下へ着る、メリヤスの前。純綿の、縞の。兵隊が着たあのシャツの始まりだ。

——木綿の縞ですか？

Y　縞。でもまっ白のもあんですよ。

——船頭さんやお寿司やさんなんかも着てる丸首の、ボタンが途中までの……

Y　ええ、そうそう。初めはね、手拭い。手拭いでうちのお袋が縫い始めて売り出したのが初めてなんです。お袋の思いつきでこさえたんでしょう。それまでにシャツってもなあ無いんだ

「向っかし」ムコッカタ、ムコッカワ、ムコッキ、ムコッキシ、ムコッツネ、カワッパタ、カワップチなど、筆者も多用する。

から。……それが売り出されて、そうすっと手なんかで縫ってるの間に合わないわけだ、注文が多くって。ミシンが入ったのは明治時代でしたよ。

——明治のいつ頃ですか？

Ｙ　明治二十年、前《まえ》じゃないかな。＊エータイシャツって有名だったんですよ。それが兵隊も着たから兵隊シャツになっちゃったわけ。

（5） 下町の女ことば

今回はお母様も御本人も日本橋（現在中央区）で生育されたお三方と、御両親は神田（現在千代田区）で、御本人は浅草（現在台東区）で生育されたお一方にお話を伺った。明治生まれのお三人は小さい時からの友だちで、昭和生まれの高島さんは吉田さんのお子さんである。（昭和五〇年八月五日収録。年齢は調査時）。

Y＝吉田寿《ひさ》氏（明治三九年生。六九歳。日本橋区本町で生育）

I＝岩本時子氏（明治四二年生。六六歳。日本橋区安針町で生育。舞踊家）

S＝正田《しょうだ》祐子氏（明治四三年生。六四歳。浅草区馬道で生育。袋物デザイナー）

T＝高島幸《さち》氏（昭和四年生。四五歳。日本橋区本町で生育）

「皆」としたのは四人の会話が入りみだれて、話者の確定がしにくいもの。／で話者が変ったことを示した。

○

――お友だちをよぶ時は「ちゃん」をつけて……

T　ほとんどそうでしょ。きいちゃんだとか、近所の人みんなチャンで呼んでたわねえ。

Ｉ　そいで、私たちもう五十年ぢかくお付合してるわけです、お友だちですね。そいで未だに苗字を言わないんです、やっぱし。もうヒサコサンだの、ハナコサンだのっていうことで……
――花子ちゃんじゃなくて？
Ｉ　あ、花子さんです。ソイカラまた、中にフミチャンテ……
Ｔ　それはもうおかしいのね、どんなかわいい人が出てくるかと思うと、もう、申し訳ない。
――ドンをつけて、昔お店の人呼んでましたが。
Ｉ　それはやっぱし言いました、うちのお店。
――ねえやさんたちは？
Ｔ　女の人はナニヤよ。ハルヤだとか、なにやって呼んでた、あの、ネーヤサンタチ。
――お花どんなんて言い方は？
Ｔ　それはしない。
Ｉ　ワカイシ（若衆）はね、やっぱしヤスドンとかね、言ってましたね。
――こっちへ来な！　とか、見な！　とかは……
皆　それは言わない。
Ｔ　おばあちゃんは、キナヨって言うより、オイデヨっていうほうだわね。
――きれいだこと！　なんていうのは……

皆　使いませんねえ。

――芝居《しばい》、シバヤ、どちらを？

Y　#シバヤ、オシバヤですねえ。

――子どもが生まれて七日目は？

Y　シチヤ（七夜）。

――お七夜って「お」をつけませんか？

Y　「お」をつけることもありますけど、たいがいあたしなんかシチヤ。あしたは七夜だねってこと、言いますけどね。（ここで、#オシチヤ、オシチヤの声もあった。）

――その時はどんなことを……

Y　その時はやっぱりお赤飯をたいてニシメデモ（煮染）こしらえて、そしてまあ、子どものお膳みたいのものをこしらえてやりますけど。で、皆さんに、ま、ふるまうわけですけどもね。

――その時、子ども用のお膳を買うんですか。

Y　そうです。その、七夜に買ったお膳をね、またその子どもが百日たつと、お食初《くいぞ》めってのに使うわけです。

――お宮参りは？

#「芝や」「しばや」は近世江戸では多用された。鳥越文蔵氏によれば元禄十二年江戸版狂言本の「しはやの内ゑもかくされまい」（『当世小国歌舞妓』）が古い例であるとか。

#「お七夜」オシチヤ・オシチヤはシの母音が無声化したため。

Y　女の子なら三十三日《さんじゅうさんち》、男の子なら三十一日《さんじゅういちんち》めです。
――冬至の時は食べるものは？

S　#トージですか？　トー。カンデスカ。あっ、かぼちゃを煮るんです。

I　トーナスね。トーナスって言わないと、かぼちゃってトがつかないといけないってよく言うんです。

S　かぼちゃってのはあまり言わない。今でもトーナスってのね。

I　ソイデ、冬瓜《とうがん》とか唐茄子《とうなす》とか、トーのつく物をやるってんでしょ。

S　一番言われんの、三越の越後屋《えちごや》っての、#イチ。コヤ、イチ。コヤッテタノ。おこられちゃってね、いちご屋じゃない、お母さん、えちご屋だって。どっちだっていい、昔はあれ、イチコヤッテ言ったのよって。（Y氏もイチ。コヤと声があった。）
――お鮨のことをほかには……

S　オスシ、ほかにオスモジ。オキャクサマが見えると、オスモジデモとったらって言いますね。

#「冬至」筆者の兄（秋永銀二、一九一九年生）は、「冬至になる」はトージ・トージの両様だが、「冬至十日前」の時は必らずトージと発音するという。

#「いちご屋」正岡容『明治東京風俗語事典』に「いちご越後《えちご》のなまり。」とあるが筆者には初めて。

――そういう時、お醤油のことは？

S　ふつうは、ムラサキって言いますね。うちの時は#オシタジって言いますね。男の人はシタジモッテコイと言いますけど、女の人はオシタジって言いますね。（他の人も同じ。）

――この頃、水菓子っていうのが通じなくて。

S　買いに行くのに、ミズガシヤ行っといでって、よく言われるけど……

Y　クダモノってよりミズガシってますね。

S　で、子どもん時、どうしてあの、果物屋って書いてあるとこに水菓子買いに行くのかと思ったわよ。

皆　あの、オカチンテことばはなあに？／#オカチンてのはお餅。／おかちんてねえ、あれも江戸弁のうちかしらねえ。よく子どもの時おかちん焼いてってての。／焼いてあげよかって。／よく覚えてるわ、あの、おかちん焼いたげようかって。

――お風呂屋さん、お湯屋さん、どちらを？

S　お風呂屋さん行くって言わないわね、#オユヤッテ言うわね。

皆　あ、オユヤサンネ、うん。／お風呂行ってくるって言わないでオユヤ行くって言いますね。

#「おしたじ」「おかちん」133ページ参照。「おすもじ」「水菓子」とともに筆者の使用語彙。

#「お湯屋」「ゆうや・おゆうや」の例も多い。

I　うちの母はね、石鹸てもの全然使ったことないんです。

Y　ヌカブクロ、糠袋ね。

I　糠《ぬか》ですね、昔。で、私のために特に石鹸をね。

皆　昔はね、全部糠だったの。／そいから、垢すり。

――鶯の糞《ふん》。母も使ってました。

I　え、それも入れます。……そしてね、それをもって。ですから石鹸てもの全然使わない。シャボンテいってね。

Y　今のあの#クジューンなる年寄がね、廊下を拭くのに糠で拭くんですよね。……糠で床を拭くとね、つやが出るんです。

S　（ぬかは）炒るんです。

――私たちは、よくおからで。

Y　ウノハナ、おからも使った。

I　ええ#ウノハナ、卯の花も使います。あの格子やなにか。だけど廊下は糠を炒って、そいで。玄関なんかは卯の花でね。

――やっぱり袋に入れて……

I　え、袋に入れて。

「くじゅう（九十）」　この頃はシジュー（四十）・クジューがめっきり少なくなった。

「卯の花」　植物はウノハナ、おからはウノハナ・ウノハナ両様を聞く。

Y　あれがたいがい大変なんだから。新しい普請するとねえ、暫くの間あれやるの。

——映画は……

Y　そんなの、カツドー（活動）なんてったわね。活動行ってくるとか。

I　コナイダ、お稽古の帰りにね、お弟子さんがね。先生、このチクオンキを*#チコンキ（蓄音機）、家《うち》ぃあずかっといていいですかって。

Y　チコンキか。

皆　なんか随分なつかしいわね。／チコンキ、チコンキですね。／チコンキだわね。

——それは、幾つぐらいの方でしょうか。

Y　私ぐらいでしょ。

I　いやあ、そんなならないですよ。やっぱりお家《うち》でそういう言葉、きっとお母さんかなんかが使うのね。

皆　省線はもうすぐ出ますね。／出ちゃうわね。／確かに省線はね。／今、自動電話って言わないでしょ。何て……

S　私がね、自動電話があるからっても分らないの。Mさんのお母さん、こっちいらっしゃる

#「ちこん機」　筆者もチコンキと言っていた。東京でも使用する訛として辞書に注記されてないのは不思議。

んで、あすこ、駅んとこ降《お》りますとね、自動電話ございますからね。自動電話でございますかって。そしたら他《ほか》の人が、今自動電話って言わないのよってば。何ての？　公衆電話。ああ、そいじゃそれですって言ってんの。

――素人とか玄人とか、おっしゃいますか。

Y　シロト、クロト。

S　シロト、クロト。シロトサン。

――オシロトサンとは？

S　「お」はつけません。シロトッテ言わないでカタギッテ（堅気）言うわね。商売人の人は、あの人はクロトだって言うけど。

――仕事してないおうちだと仕舞屋《しもたや》さん？

S　ええ、シモタヤサンテ。

――じゃあ、商売してるうちは？

S　アキンドサン、アキンド。

――*お店屋《みせや》さんてこの頃言う人がいるんですが。

S　それはコノ゜ゴロワ言いますけど、（私は）#オミセヤサンテ絶対に言いません。（他の方方も同様だった。）

#「お店屋さん」　この言葉は、（かつての）郊外の、勤め人の間で多用されたのが広まったのではあるまいか。但し、小売屋のみに用い、商人《あきんど》とイコールではない。昔ままごと、今お店屋さんごっこで、幼児の絵本にも描かれている。

——子どもたちは*オミセヤサン。コッコなんて、この頃言うんですよ。じゃこれは何て?

TS　#へへノノ・モヘジ。

IT　へへノノ・モヘジ。

——この頃、へノへノモへジって子が多いんですの。

Y　日本橋のモロマチィ……

T　おばあちゃんムロマチじゃないの、ちょっと変なのね、ちょっと*#モロマチに聞こえる。

I　モロマチでしょ、みんなモロマチよ。

皆(T以外)　ムロマチって言わない。／わたしたちモロマチっ

#「へへののもへじ」　三十年ほど前から急に東京近辺にへノへノモヘジが進入してきたようだ。NHK総合テレビの幼児番組「おかあさんといっしょ」で「へのへのもへじ　やーい」が放送されてからのことらしいこと既に書いた。(「東京語音声の諸相(3)」35ページ)。関西などの「へのへのもへの」も同じ頃から「へのへのもへじ」に移りつつあるようだ。

#「もろ町」　「室《むろ》」を「もろ」という方言は東日本に多い。『日本国語大辞典』には「もろあじ」に近世中頃の雑俳や洒落本の例があがる。「もろまち」の例は未見だが、地名のために漢字に隠れたか。

てねえ、やっぱりモロマチ。／ムロアジ（室鰺）って言わないですもん。モロアジって言うでしょ。／モロアジってんです。／だからやっぱしあれもモロマチってね、みんな通ってるみたいね。モロマチってゆうんじゃないの？／九十のおばあちゃんも、モロマチよね。室町《もろまち》でみんな通っちゃいますものね。

（6）　岩田オビョーしめたとさ

今回は尾久《おぐ》町（荒川区）から下谷龍泉寺町（現在台東区）で生育された石川潭月氏のお話をうかがった。更に、氏にお願いして下谷金杉で生育されたお母様とのお話を録音して頂いた。他人では話がはずまないだろうという、氏の御配慮によるものである。（昭和五二年三月一四日秋永収録。三月一七日潭月氏収録。年齢は調査時。）

T＝石川潭月《たんげつ》氏（昭和四年生。放送作家。富本節師匠。四七歳。父上は町屋、母上は下谷で生育。）

M＝石川正納《まさの》氏（明治三〇年生。一時助産婦をされたこともある。八〇歳。父上は山谷で生育され屋根職、母上は駒形で生育され、富本の師匠。）

○

――橋を渡るって時にハショーワタルとか。

T　私《わたくし》のうちでは女の人たちはみんな、#ハショーワタルっていうふうに言ってましたけども、私《わたくし》は橋を渡ると言ってますけど。……どうかすっと私もハシワタルって、てにをは無しで言うこと

#「ハショー渡る」これらについては97ページ参照。

が多いかもしれませんね。女の人たちはハショッテ「を」の字といっしょに言ってました。それからあの、これとまあ似てることばで、あの**オ**ビョー（帯を）しめてとかね、**オ**ビョー結んでとかって。

——はあ、**オ**ビョシメテですねえ。

T あの、お伊勢参りって唄がございますねえ。岩田帯を締めたとさっての。あの、おばなんかはねえ、**ヤ**ダネー　岩田帯をしめたとさなんて。あれ、イ**ワタオ**ビョー　シメタト**サ**と唄わなきゃあ。

——どういうふうに？

T （節をつけて）〝イ**ワタ**・**オー**ビョ・シメタト**サ**〟と唄わなきゃ江戸の唄んならないよって。イ**ワタオ**ビオッテ　**ヤ**ダ**ネ**ッテーコト言ってましたね。

——なるほどね。それ、おば様が？

T ええ、私の清元の手ほどきをしてくれた。あれ、あの播磨屋《はりまや》（初代中村吉右衛門）が〝イ**ワタ**・**オ**ビ・シメタト**サ**〟と唄いましたんですけどねえ、おばが、あすこで切るのはね、いいけども、切ったらあれは**オ**ビョーと言わないと東京弁にならないってね。……言ってましたけどもね。

——こっちへ来な**！**　とか、行きな**！**　とかは。

T　使いませんね。

——見な！　とか、見なよとかも。

T　どうかすると、母やおばが言ってましたけどね。これは深川言葉だよって言って、ことわりつけて言ってましたね。昔のナカチョー（門前仲町）のね、深川のナカチョーの芸者衆が男名前をつけて、そういうこう、#ザッカケナイものの言い方をするために、キナヨとかミナヨとかって言ったんだよっていうようなことで、これは深川言葉なんだって。

——良い言い方じゃないという。

T　うちは職人ですから良い悪いじゃないんですけど、そこに場違い的な意味で、#バチナ言い方なんだよというように私は受けとめて聞いておりましたんですがね。

——「よござんす」などは……

T　母なんかは「よござんす」って時の「ざ」のおとが、ザ行のザじゃない、サ行の濁音じゃなく、タ行の濁音とサ行の濁音の中間音を。どうかするとはっきりダァスって聞こえることがござい

#「ざっかけない」『日本国語大辞典』には、「荒々しく粗野である。ざっくばらんである。」として久保田万太郎の『春泥』の例が上がる。「旧市域の語彙」は「無雑作な」とのみ。本書8ページにも別の例を上げたが、「粗野で、がさつで、丁寧ではない」ことの形容ではあるが、「ざっくばらん」は当たらない。

#「ばちな」「旧市域の語彙」には「バチ」「場違ひ」の略。本場でない品。」とあるが、品とは限らず、アクセントも石川氏の頭高型のほうがよさそうだ。

ますね。ヨゴダンスって。
――「そんなこってす」とかは?
T　コッテスとかコッタとかっていうのは、私のうちは男が使っておりましたね。私もどうかすると、コッテスなんて、今でもひょいと口をついて出てきて、自分で……
――そんなこってすよって……
T　ソンナコッタなぞは、母も最近まで使っておりました。
――日和下駄なんてのは、今、日和の時にもおはきになりますか?　雨の時だけ?
T　私《あたくし》はもうそういう風俗ないですけども、私のうちでは、雨の時だけじゃなかったですね。あれはつまりヒヨリノ時にはく下駄でね。雨が降った時足駄ァはいて。
――昔は道が悪かった。
T　ええ、はい。それで私、そのう日和《ひより》下駄っていうの。大人んなって分かった。子供の時分はねえ、ショーリゲタッテ言ってましたね。ショーリゲタッテッカラ、どういう下駄なのかと思って……
――やはりその頃は、いい日和でもはいてらしたわけですねえ。
T　あのう、おばのね、その私が龍泉寺町《りゅうせんじまち》につれてかれて、御近所に吉原のね、おばさん達がみんな二階へ間借してんですね。その人達が夕方んなるとね、全部シッキン(出勤)するわけです。そのう、横町から路地《ろじ》からね、路地からこう出てくるんです。ソントキニ殆んどそのおばさんたちがね、日和下駄でね。こう#シボノアライネー、#ミズアサギノ半襟をくっと出して、黒襟でね、お召の、縞のお召かなんかでね、そいでもう頭へあの*サン。コダマカ（珊瑚玉が一つついた簪）なんかでね、こうミズガミデ（水髪）、キレーニこう頭ふくらして、こう結いましてね。

——その頃水髪ですか。

T　水髪のように見えましたなあ。そのちゃんと油は使ってたんでしょうけどもね。ごてごてさせないで。で、そのおばさんたちが夕方んなると、路地から路地からねえ、出勤《しっきん》すんのがねえ、殆んど日和下駄《しょりげた》なんですよ。敷石をねえ、はいてね、ちゃっちゃっちゃっちゃっ、ちゃっちゃっちゃっちゃっちゃっって音がねえ、聞えてねえ。ああ隣のオハッツァンが出かける時間だねえ、てなことをおばがね。

——そうすっとその方達は……

T　世話焼くおばさんですから、江戸時代だったら遣手《やりて》の役目なんでしょうねえ。

——遣手さんですねえ。

#「しぼ」「みずあさぎ」シボ（皺）がふつう。「水浅葱」は現在ミズアサギがふつうだが、山田美妙『日本大辞書』に（第五上）とあり、古い尾高型の残存か。

T　結局。もうその頃はおばさん、おばさんて。震災後はおばさんていったんじゃないんですか。……あの日和下駄の音があたしゃあ今でもねえ、耳に残ってんですよ。夕方のね、三時が過ぎてくると、あっちからもこっちからも、ちゃっちゃっちゃっと、どうかすると、日和の歯が敷石へすれて、キーッテナ音もね。

――そうすると、その頃は雨だと足駄を？

T　そうですね、あの辺はまあ道がよかったから　シヨリニ　ツマッカワ（爪革）つけたと思いますねえ、はい。

――この間お電話で伺った、ウザッコイ、これはどういうふうに。

T　母が使っているのは　ウジャッコイホドあるよって。例えば、「冷蔵庫かき回してごらんよ、ウジャッコイホドあるから」っていうような。多少雑然の意味もあるように思いますけど。

○

T　下谷のさあ、ビックリ・シタヤノコートクジ（広徳寺）じゃなく。なんてのあれ。

M　それはただなんとなくそう言うんだよ。#センジカンノンサマッテ言うよなもんだよ。#ミシマサマノ（三島様）手前の所にねえ、あれがあったの、お寺が今でもあるけどねえ。それがね、

#「センジ観音様」「千住」と「千手観音」をかけたか。

#「三島様」浅草駒形にあった三島神社。

マントクジッテノ（万徳寺）。それからね、三島様のうしろにね、ヒヨケノイナリサマッテ（日除稲荷）、振袖火事ん時にね、そこで食いとまった所、そこ今度ずうっと行くとね、そうすっとね、#ズイトクジカ゚（随徳寺）ある、うん。

T　それほら、つながって何とかいうの。

M　だからさあ、オソレ・イリヤノ・キシモジン（恐れ入谷の鬼子母神）だのさあ、ビックリ・シタヤノ・コートクジダノ、……ズーットユケバ・ズイトクジ、マーッテクレバ　バントクジ、□□□（聴取不能）のそばにヒヨケイナリッテノ。

T　あれやってよ、サイザサンてのさ。

M　#サイザサンテノ？　声が悪くて、節が……（節をつけて）オンシロシロシロ、白木屋のお駒さん、才三さん、店には十六色男、オークノ奥《おうく》のンメノキニ（梅木）、雀が三匹止ぅまって、一羽の雀の言うことにゃ、ととさん、かかさん聞いてくれ。わたしが大きくなったらば、上野のお山へ店だして、ござが三枚、むしろが三枚、烏の行水ストトンバタバタッテノカナ。

#「随徳寺」「ずいっと」ゆく・逃げるのを寺号にひっかけたしゃれ。一目山（一目散）随徳寺とも。「泥てきはそのまま随徳寺《ずいとくじ》てえやつだ、」（「お化長屋」円生全集三上）

#「才三さん」以下三種の手毬唄は「あづま流行時代子供うた」（『続日本歌謡集成』五）と照合すると幾つかの唄とないまぜになっている。「お猿さん」の唄は「お腹ァ立ち」のあと「まずまず一貫貸しまァした」と筆者は習った。

T　なあに、それ。毬つきの歌？　お手玉？
M　うん、毬でもお手玉でも。うちのね、兄貴はね、〝向う通るは何《なに》娘、濁《にご》り酒屋《ざかや》のキリョムスメ（器量娘）、草履が切れたとはだしで通る、すげておくれよ、チューベサン、忠兵衛《ちゅうべ》さん。おれの女房になるならば、下駄もはかせる、小袖も着せる、それがいやならおうちぃカーエーレ〟って言われたんだ。その忠兵衛《ちゅうべ》さんがいやでしょうがなかったんだから。……あの、昔のァ手毬唄っての、今みたいにケツマクッテ足振るったり、そんなことみんなしないんだからねえ。こうやって座ってこれやったんだからねえ。「そこの縁台でしちゃいやよ、うるさいから」、ほかを追われていくんだもの。「ああ来た来た、そこは駄目よ、うるさいから」って言われちゃう。ソーオッテいっちゃったんだからねみんな。
T　大体そうすと一葉のたけくらべェ出てくるような雰囲気だね。
M　そうだろうね、その前だけどね、一葉のほうがね、ずっとね。
T　もう一遍（さっきの）それを言って。
M　もう一遍だって？　役にもたたないもんねえ。なんだかおかしいねえ。自分の気の向いた時に#言いたいげつの話言わせるんなら、きっとも少しかっこがつくかもしんないけど、急にこうだってえと分んない。……ハズカシヤ、＊#コッパズカシヤ。

#「…げつ」　意味不明。
#「こっぱずかしや」　照れくさいような時に、今回同様冗談めかして使うのを時に聞く。

その、（山王の）お猿さあんが、赤いおべべが大おーすき、テテシャン、テテシャン、ゆうべエビスコニ（夷講）呼ばれていったら、コダイノ（小鯛）吸物、コダイノ塩焼、イッパイ・オススラ・スーウースラ・ニーハイ・オススラ・スーウースㇻ、三杯めーには肴が無いとて、名主の権兵衛《ごんべ》さんがお腹ァ立ち。腹立っては面目《めんぼく》ないとて、烏川《からすがわ》へ身をナーアーゲタ。身はシーズム、お船は浮き出す、ストトンバッタバタッテンダ。ワッスレチャッタ、もう駄目。

T　このテープ聞いた人が、おじいさんだと思わないかね、おばあさんだと思わないね。

M　おばあさんだと思わないよ、これ。

（7）足袋やさんのはなし

今回は神田（現千代田区）から本所二葉町（現墨田区）・浅草千束町・山谷町（現台東区）で生育され、二十三歳で本所緑町に店をもたれた宮内実太郎氏にお話をうかがった。お父様は牛込矢来町《やらいちょう》、お母様は深川門前町のお育ちである。（昭和五一年三月二三日収録。年齢は調査時。）

M＝宮内実太郎《みやうちじつたろう》氏（明治三一年生。数え八〇歳。足袋製造・小売。七久屋）

○

——宮内さんは足袋のお仕事はお幾つぐらいから？

M　十歳でございます。十《とお》、**ト**ーカラネ、十《とお》の十二月か。そこへコゾーニ（小僧）参りました。

——どちらへ？

M　浅草の**サンヤ**マチトユー（山谷町）。そこに大和屋さんというね、ま、東京でも一流の#タ**ビヤエ**（足袋屋）奉公に行きました。

#「足袋屋」　伝統的な東京アクセントとしては、タ**ビヤ**・イトヤ（糸屋）・オ**ケ**ヤ（桶屋）・オ**ビヤ**（帯屋）だが、若年層はこの類をタ**ビ**ヤのように中高型に発音することが多い。

——最初は何を？

M　最初三年くらいはね、配達です。*#シタジョクマーリ（下職回）で、昔はジテンシャ（自転車）も何《なん》にもありませんからね、アルキデスネ。

——そうすると、木綿の風呂敷か何かで？

M　そうそう。木綿の#フルシキデかついでね。クビッタマエ（首玉）巻きつけて。そして下職へね、朝行って、で、夜それを集めて、そういう役を三年ぐらい。

——風呂敷は木綿の……

M　まあその家《うち》にもよりますけどもね、あの、木綿、今ぁあんまり使アないけど、あの、カラクサッテノ（唐草）ありますね、あれの古いやつ。

——緑色の。

M　縞のこういうのが入ったね。あれェこうくるんでね、クビッタマア、シッカケテネ。で、駈け足ですよ昔は。とことこ歩いてるんなんて間に合やしないですよ。どこォ行くんだって駆け足ですよ。だから丈夫んなりますよ。アタシよく話すけどね。桐の下駄ったってヤマギリノ（山

#「下職」　下請けの職業や職人。辞書類は「シタショク」見出しで「シタジョク」ともいうとある。しかし、東京では「シタジョク」と発音するのがふつう。

#「風呂敷」「フルシキ」は東京でよく使われる訛り。『円生全集』の「掛取万歳」「樟脳玉」などにも「風呂敷《ふるしき》」とある。

桐）下駄ぐらい重い下駄ァないんですよ。アッツインス、こんなにね。……その下駄が＊#ピッシャンコンなっちゃうんです、一週間もたつと、センベ（煎餅）みたいに。……だからその下へね、ぶりきを張ってみたりね。

――ぶりきですか。危ない。

M　釘でね。危ないけどもそんなこと言っちゃあいられないスよ。大変ですもん。一週間に一足ぐらい＊#ピッチャンコンナッチャウン。こっからね、日本橋ィ朝、あの足袋をね、足袋の材料を買いに行くんですよ。

――日本橋のどの辺ですか？

M　日本橋のね、ちょうどミツコシ（三越）の前のこっちにね、……あすこはね、アブラチョーッテ（油町）言いましたね。……あすこらへんはみんなね、魚河岸だったんだね。みんな、まぐろがね、オッポリダシテアッタデスヨ。こんな大きな人間ぐらいのね。そこへみんな、朝ね、仕入れに行く魚屋がトットットット。魚屋がね、みんなあのう俥《くるま》ね、ジンリキシャ（人力車）。輪《わ》がね、金《かね》なんスよ、輪が。ゴムじゃないんです。#人力車ァゴムですよ。金《かね》でガラガラ・ガラガラこう。それをみんな。

「ぴっちゃんこ」　今回、ピッシャンコ・ピッチャンコが国語辞書や「擬音（声）語・擬態語辞典」にないのを知って驚いた。大型辞書には「ペッチャンコ」はある。

「人力車」　人力車の車輪のゴムをとって鮪《まぐろ》を乗せて運んだというのは初耳だった。

——それへ乗せるわけですか?

M　それみんな乗っけてね、仕入れに来るんです。ほかにないから、今みたいな。

——リヤカーみたいなのは無かったんですか?

M　え、そんなもなあありませんね、それだけなんです。ええ、#リヤカーなんて進歩したもんですよ。

——ああそうでございますか。そうすると、足袋の材料を仕入れて、それもしょって……

M　え、それしょってくるんです。そいで駆けてくる。

——乗物は?

M　まあデンシャがありましたね。電車ァヨンセンゴリン(四銭五厘)でしたね。

——それ乗るわけにいかないんですか。

M　ええ、いきませんね。ええそんな金ェつかわさない。歩きゃあ、ただだから。

——でも、大分ございますね。

M　ええその、今の方の考え方とね、全然違いますよ。品川まで歩くんだものねえ。

——その頃、山谷のあたりは……

M　サンヤノネ、あたしの勤めてたうちの裏なんか、ずうっと田んぼでしたよ。秋んなるとね、

#「リヤカー」　この話は明治四十年代。リヤカーは大正初期に日本人が発明したもの。「リヤカ」ともいう。

ずうっともうお米がなってましたよ。

――で、その辺の小僧さんたちはお休みは？

M　お休みなんかとんでもない。ボンクレトネ（盆暮）、昔はオボント正月といって。その日にカイッテ（帰）くんですよ。泊らせないんですよ。

――でも宿入りだから泊めてもらえる……

M　え、まあ、泊めてもらう方はね、上等なン。ええ、いい方ですよ。あたしら泊めてもらいましたがね。一晩《しとばん》泊りましたよ。だからジュー・ヨッカノヒニ（十四日の日）出ていくのと、ジューゴンチニ（十五日）出てくのと、二組ありましたね。……十四日の晩に親のとこで寝て、それから十五日《じゅうごんち》の夕方、こんなんなって帰ってくるン。とにかく一年に三度でしたよ。

――盆と……

M　正月とお花見と。

――お花見がお休みなるわけですか。

M　なるんです。三回ですよ。であ特別いい、よく働くっていうと、このダン。コザカノ（団子坂）キクミノ時ね。なんのかんのって、五回はありましたね、、一年に。

――菊見っていうのはその頃も団子坂にあったんですか。

M　ええ団子坂いっぱいに、菊がね、あの菊人形ね。……あんなものァ一番の娯楽でしたね、菊人形。オメー、菊がナンダゾ、人形に（なるんだぞ）、だなんてね、見に行ったもんですよ。

――お花見は、あの辺は……
M　花見は向島ぃ行ったスよ。……あの、「花見酒」なんてよくやるでしょ、#鈴本で。あらみんな、あすこのこと言ってるんスよ。
――それは、奉公してらっしゃる方で、皆さんいらっしゃるわけですか？
M　ええまあ、一番アニー（兄）なのがね、一番兄弟子がね、引率してくんですよ、ええ。
――御主人もいっしょに。
M　ええ、オヤジヮ行かないんです。
――御主人の、今でいえば奥さんですねえ、それは何て。おかみさんですか？
M　え、オカミサン。皆《みんな》、おかみさん。
――年とると。
M　*#オーオカミサンとかね、そう言ってましたよ。

#「鈴本」　鈴本演芸場。上野にある寄席の名。
#「おおおかみさん」　「おおかめさんとは、大旦那に対する、大内儀《おほおかみ》さんの意味で尊称なのであらうが、自分でいふとおおかみさんになり、出入りの相撲《おすまう》さん×山関がいふとおおかめさんとなる。」（長谷川時雨「鉄くそぶとり――その二」『桃』）

——お嫁に来たてで……

M　ええもう、おかみさんて言われるんですね。昔はもう、マルマケ゜（丸髷）結《い》いますからね、お嫁にくれば。だからもう、一目《しとめ》で分るン。今ァ分りませんがね。

——その頃はお歯黒も。

M　ええもう。

——眉も落して。

M　そんなことしてませんでしたよ。オハ゜クロダケワお嫁さんになると。それもね、若い時ゃやらないいん。四十《しじゅう》ぐらいんなっとやってましたよ。

——旦那さんは何とおっしゃいましたか？

M　あたしたち職人はね、みんな、オヤカタサマッテ（親方様）言《ゆ》んです。お相撲さんとおなしですよ、オヤカタサマッテ。

——お呼びする時もそうなんですか？

M　え、オヤカターなんてえと、シッパタカレル。

——で、おかみさんはおかみさんで……

M　え、おかみさん。奥様なんて言わないね。奥様なんて上流社会しか言わないですね。今ァ、*#ミソコシオクサマカ゜（味噌漉奥様）多いけど。（笑）

――本当ですね。で、お給料というのは？
M　あのね、昔の人《しと》はね、クイブチト（食扶持）キルモノネ、これはギジツオ（技術）覚えるんですからね、こっちから。……給料としては一銭もくれない。……ま、お米持ってくわけですね、こっちから。
――それは大変でございますね。何年ぐらいたつと……三年くらい配達でそのあと。
M　そのあとはね、こんだ色んな仕上げのね、仕上げる前に運針《うんしん》を稽古するんですよ。返《かえ》し針ってゆうよなのね。……運針は、一年ぐらいですね。それから今度は#ハラガケ・モモシキオ（腹掛・股引）作るのは二年ぐらいかかりますねえ。そいから足袋は何といっても一番#オショクダカラ（御職）三、四年かかりますね。
――何だから？
M　足袋、一番ま、むつかしいから、お職って言ったんですよ。オショクジョロート（御職女郎）同じで、一番階級は上なんです。だから、足袋をちゃんと作り上げると、親方さんがね、裁断して

#「みそこし奥様」　使用人もいないので、自分でみそこしを下げて味噌や豆腐を買いにいくことから、貧乏なくせに奥様といわせることをひにくったもの。87ページ参照。
#「腹掛股引」「タビヤトユーノワ、昔は、ハラガケモモシキ・タビト。ソジャナキャ……それからテッコー・キャハン」がどれでもできないければいけないという氏の話だった。
#「お職」「娘がほしいといいだしたのは、藤の鉢植えだった。それは花物では、市のなかのお職だった。」（幸田文『木』）

ぽんと十足なら#十足ぶりを渡すでしょ。そうすっとちゃんと手で全部こうはけるように作り上げなければ駄目なン。

――昔は、その裁断は親方様が。

M　そう、親方さまがやるン。裁って渡されて十足きちっとはけるまでにしなければ駄目なン。寝かさないン。夜明かしでもやる。

――そうすると、大体、一本だちになるのに、かれこれ、七、八年でございますか？

M　やあ、十年ですね。

――そうすると、やっとはたちになって店を……

M　まあ昔はほら、二十一歳で*#**オイ**ッチニー行くでしょ、兵隊に。だからそいで三年間てもなあブランクァあるわけですね。三年間のうちにみんな忘れちゃいますよ。命がけで**オイ**ッチニやるんだもの。で、二十三で帰《かい》ってきましたね。……そいでその縁町のあすこへ帰ってきて……そいであの、紀元節ってのあってしょ。で　二月十一日にね、開店したんですよ。

#「十足ぶり」「十足分」と同じ。

#「おいっちに（一、二）」の項に「軍隊式の号令。歩調をとったり体操をしたりするときの掛け声。」（『日本国語大辞典』）とあるが、「兵隊に（軍隊に）行く」ことを「オイッチニーに行く」というような表現は時々耳にした。

（8）　回向院近辺のはなし

今回は本所相生町《あいおいちょう》（現在墨田区）で代々洗張師の佐野四郎氏、蒔絵師の児玉慶一郎氏に蔵前国技館でお話を伺った。児玉氏は、お祖父様の頃は櫛笄《こうがい》蒔絵、お父様の頃は定紋などの道具蒔絵を扱われたが、それも需要が少なくなって、今は鉄道関係の蒔絵塗装に変わられたという。
（昭和五〇年八月二一日収録。年齢は調査時。）

S＝佐野四郎氏（明治三一年生。七六歳。和服洗張師。屋号は伊賀勝《いがかつ》。）

K＝児玉慶一郎氏（明治三四年生。七四歳。蒔絵塗装業。）

SKとしたのは会話が入りみだれて、話者の確定がしにくいもの。

○

——こういうお仕事ですと、「こちとら」とか「あいら」なんてことばは？

S　なんかのあれだね、ふつう、まっこうから言わないですね。なんか冗談話かなんかやってる時に、「こちとら、ンナコター　デキルカ」なんてね、こたあ言いますけどね。ふつうの話にゃあ言わないスね、ええ。

K　あれは大工さんとかね、あれはナンテマスカ、あれはヤジョク（屋職）って言いますかね、左官《しゃかん》とか……屋職っていう人《しと》は、もういわゆる#ハンテンギ（絆纏着）ですね。絆纏着ってやつはね、これはもうことばが荒いんすよね。はんてん着るでしょ、みんな。

#「はんてんぎ」12ページ参照。

S　ハンテン着てやるでしょ。ほらショシキ（諸式？）の絆纏でね。……だから鳶《とび》さんでもね、そういうその職業的の人《しと》たちを言うわけですよ。

——あの辺、今でもどうですか。やっぱりおかみさんですか、奥さんですか？

S　ふつう言わないですね、奥さん、おかみさんて。自分のカミサンニ向かっちゃ言わないですね。なんか話んときはね、ウチノヤツとかね、そんなもんですね。

——そのときはかみさんですか？　おかみさんですか？

S　かみさんですねえ、ええ。

——それは、御自分の場合ですね。

S　そうすよ。冗談話にゃあ奥さん、やなんかって言うけどね、ふつう。

——よそのおうちでしたら？

K　奥さんでしょ。……戦後はみーんな、奥さんなっちゃったㇲね。

S　恐らくはね、戦後ですね。戦前にはね、ああカーチャンテナコト言っちゃうからね。

K　どこのカーチャンでもね。……昔から、まあ山の手ではそう（奥さんて）言ってた。

S　昔、山の手が奥さんてんでしょう。それを下町で奥さんて始まったのはね、震災から、#ゴダカラ（後）、戦争の始まる前あたりっからだな。要するに、一口《しとくち》に*#ミソコシオクサンテネ、ダレデモ　カレデモ奥さんじゃねえかって言うふうにね。奥さんてのは昔は決められてあったわけですわね。あのう、お勤め人の方ァともかくとして、後《あと》ァカンインサンノネ（官員）、ええ、偉方《えらがた》は奥さんスよね。あと我々のは、かみさんだね。

——あたくしの所なんかは、あとまでおかみさんでしたね。

S　マークつけられちゃうからねえ。#オーマルマケ゜ッテ（大丸髷）よなわけでね。

K　そうですね。うちのお袋がねえ、震災で死んだんですけどね。え、それまでェやっぱり、震災まではね、#マケ゜結ってましたね。

S　え、結ってましたね。

K　震災までね、そいでね、眉毛《まゆげ》落してましたよ。

——お母さんが。お歯黒はいかがでしたか？

K　お歯黒はね、あたしが十《とお》ぐらいん時分、まだつけてましたね。もうね、お嫁ん来るとね、ま

#「後《ご》だから」　高年層の言い方。今は「あと」がふつう。

#「みそこし奥さん」　この語、82ページに上げたが、個人的な用語ではないかという指摘もあるので、もう一例上げておいた。

#「まげ」　ただ「まげ」というと「丸まげ」をさすのがふつう。丸髷は既婚女性の髪型だが、「大丸髷」は髷の部分が大きく若い女性に限られる。

ずもう、眉落しちゃうんㇲよ。……ええ、スッチャッテネ（剃）、そいでお歯黒も染めてましたね。なかなか粋なもんですよ。サンジュウザカリ（三十盛り）でね、あのう、お歯黒染めて、こう眉《まゆ》すったのは。ようくこう女の人見たら、あたしらなんか、いいと思ったㇲね。

S　昔はね、階級も違うけど、平均階級よりちょっと上《うえ》って方《かた》にはねえ、必ずあれがあったわけですよ、ミミダライっと（耳盥）いうのがね。そういうものは、みんなお嫁にゆく時もって来るからね。行ったうちが階級が下じゃあね、持って来ないしね、（お歯黒が）やりにくくってね、ええ。

K　震災後、もうがらっと変わっちゃったㇲからね、ええ。

——これは（眉をさして）、何とおっしゃいましたか？

K　マユケ゚ですね。

——あたくしが小さい時にマミエッテ。

K　マミエ、あ、マミエとも言ったね。マミエか。

S　あたしはあんま、そう聞かなかったね。マユケ゚、マイケ゚で。

——ああ、マイケ゚ですか。

S　お歯黒はね、大体がね、震災の前ですね。大正のね、中頃からもうとんと無いですね。

——私の家《うち》の前のおばあさんは、戦後までやってました。

S　それはね、その当時、教育を受けたとこのタシナミデスよ。昔やった事は嗜みでやったんだから。女の方ァね、マミエ取るって、もう旦那がコーユーニ決まっちゃってるっていうポイントをつけられちゃってあるから、もう動かないようにね、マミエ落してお歯黒して、もうその人《しと》はこれはって決まってるから。（このあと、寄席の広瀬亭や芝居の寿座《ことぶきざ》の話がはずみ、回向院の話が出る。）

K　両国のね、#ムコーリョーゴクのエコーインの近所ね、あの辺はもう、両国のあすこァ発展してんだあね。……#エコーインの辺りでね、そのうコママーシ（独楽回し）だなんか。

——ああ、それ見ました、小さい時、ええ。

K　見たでしょう。イアイヌキ（居合抜）、見てましたか。

——ええ。年ですねえ。

K　あたしがね、あれね、コーコー、こうやってね、二つ置くんですよ。そいであのう、刀の柄《つか》を見てね、そいでさっと下がって、ほらぴいっと切るんですよ、（刀を）払うんスよ。そのね、前にね、この首をこう出すんだ、子供がさ。あたしらね、「オー　アンチャン、こっち来い」ってね。そしてそれをやるとね、ニセン呉れん

#「向う両国」「東両国《むかうりやうごく》に、萬八といふ料理《おちや》やがあつて、」（長谷川時雨『旧聞日本橋』）とあるように、両国橋の東詰本所（現墨田区）よりをいう。

#「回向院」　両国橋の東詰にある寺で、明暦の大火の焼死者を供養するため作られた。境内での出開帳や相撲など有名。その土地の者は筆者も含めエコーインと発音するが、理解語彙の場合はエコーインがふつう。

ですよ。赤い、こんなデカイ二銭。……二銭銅貨ってこんなデカイ。

S　こんなオッキカッタンですよ。

K　それをね、それを一枚くれんですよ。それがみんな、小遣いもらいたくってね、エコーイン行って、みんな。それをお袋にメッカッチャッテネ。（笑）

S　結局ね、あの当時ほら、松井源水《まついげんすい》とね、大道手品ってのがね、いっしょに出てたんですよね。これね、手品つかい。今ではよく劇場なんかでやってますがね。昔いうと、乞食芝居みたいなのね、そいうのが出てね。ナゲセンデ（投銭）もって、ええ。

——虫歯の薬か何か売ってましたね。

SK　あれ、#マツイゲンスイ。

S　コママーシね。そうね、あらあ、キキャー　シネーンダケドね。……人《しと》ォ呼ぶのになんだってえとね、カタナー抜いてね。

——かちゃかちゃかちゃって、#定斎屋《じょさいや》さん、薬お買いんなりましたか？

S　ええ買いました。あれはね、あの、日射病よける薬だから。あたしたち、ほら、エンテンデ（炎天）仕事してるでしょう。ほ

#「松井源水」　代々大道芸人。香具師《やし》。昭和十数年頃まで歯痛の薬を売ったり子どもの虫歯を抜いたりしていたが、この人は一七代目か。もっと以前は歯磨粉を売っていたという。

#「定斎屋」　調子をとって歩くたびに引出しの金具の鐶《かん》の鳴る音が特徴で、暑気よけの薬を売る。なお、「じょうさいや」とのばす発音は、聞いたことがない。

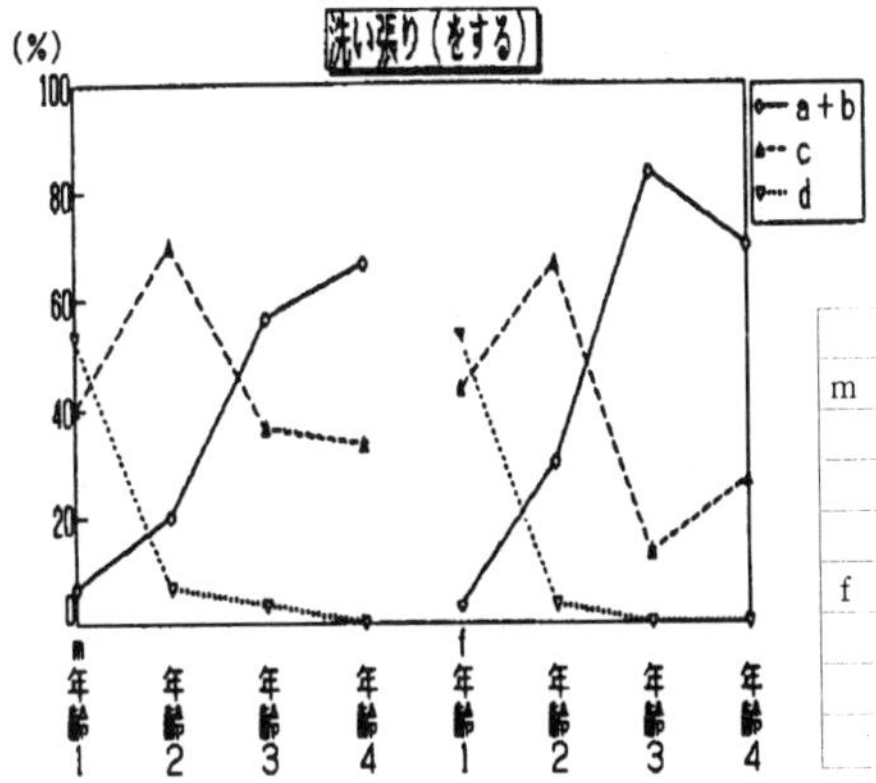

	洗い張り	a＋b	c	d
m	年齢1	6.67	40	53.33
	年齢2	20	70	6.67
	年齢3	56.67	36.67	3.33
	年齢4	66.67	33.33	0
f	年齢1	3.33	43.33	53.33
	年齢2	30	66.67	3.33
	年齢3	83.33	13.33	0
	年齢4	70	26.67	0

	美	神	三	NA	金	秋	平	NB	NC	柴	N研
洗い張り（をする）	2	2	2	2	2	2	2, 0	2, 0	2, 0	3, 2, 0	3, 2

（略語表）
（馴染み度）　a：ふだんよく使う　b：まれに使う　c：分かるが使わない
d：知らない
（属性）　1：S 35～／2：S 15～S 34／3：T 9～S 14／4：T 8以前
生育地　地域1：東京都23区内／地域2：首都圏（都下・神奈川県・埼玉県）
性別　m：男性　f：女性

アクセント記号　辞典
美…日本大辞書（1893）　神…国語発音アクセント辞典（1932）　三…新辞海（1938）　金…明解国語辞典（1943）　NA…日本語アクセント辞典（1943）　秋…明解日本語アクセント辞典（1958、1981）　平…全国アクセント辞典（1960）　NB…日本語発音アクセント辞典（1966）　NC…日本語発音アクセント辞典（1985）　N研…大辞林（1988）　柴…新明解国語辞典第四版（1989）

秋永一枝・田中ゆかり・松永修一「ことばの馴染み度と辞書記載アクセント」より

ら、#アライハリして、ハリモノスッデショー。で、炎天にあっついから、あの薬をもう始終飲んでるわけですね。それがまた妙《みょう》に利く。

——そうすると、一軒一軒お得意へ回ってくるわけですか？　それともあの音で……
S　こうやってかついでくるでしょう。……その脇へ人《しと》がついてるわけですよ。（売り声をまねて）「ジョサイヤデゴザイィ。」
——かついでる人が言うんじゃなくて？
K　もう一人いるんですよ。
S　「ジョサイヤデゴザァイ、毎度ありがとうございい、お暑うございます」ってってって。そいで、いりような人、ソリョー（それを）呼んでね。箱ォ下げてるからね。
K　あの人はね、絶対帽子かぶらないの。頭へこういうもの乗せないの。何《なん》にものっけてない、頭へ物ォ。薬飲んでるから絶対もう日射病にかかんないって、もう、まっ黒な顔してんだ。
S　看板ですね。看板で薬を……（あの音は）いいもんですよ、あれね、ええ。
K　カタ、カタ、カタ、カタ。カタ、カタ、カタ、カタね。……ありゃあね、螺鈿《らでん》のね。
——ええ、きれいな蒔絵の。
K　ラデンノマキエッテ。貝のね、チョーガイノ（蝶貝）、すっかり塗って。
——で、あすこに一つ一つ薬が入ってるんですか？

K　入ってんスね、ええ。そいでもう、大体あの、お得意決まってんですよね。

S　結局ね、こう動いて音がすることが定斎屋のマークなんだからね。……こうやって歩いてガチャガチャガチャガチャ音してりゃあ、ほら、定斎屋って。で、売るのは　リョーッカワニ（両側）いる人だね。……二人が両っ側へ、で、まん中でかついでっていうふうにね。……昔の呼び声を聞いててね、惜しいものたくさんありますよね。金魚屋さんだの定斎屋さんだのってね。

K　ナエヤサンね（苗屋）。

S　全く風景としていいあれですねえ。そらま、下町としてのね、なんてかね、あの風物だね、ええ。ところてん屋だの、みつ豆やだのね、それから氷屋さんだのね。「コーリコーリー」ってね。

K　冬、冬場んなるとね、冬場んなっと、こんだ甘酒売りに来たの知ってますか。

――いえ知りません。金太郎飴なら。

S　ああ、そりゃあずっと、#ゴデスネ（後）。

K　そいからあんた。あのほら、こういう#ヨカヨカアメ知ってる？　よかよか飴っての。ハンダイ（盤台）もって、頭へ乗っけて、盤台《はんだい》をね、飴をこう乗せとくんだよ。そいでね、太鼓のね、

#「よかよか飴」「うつし絵の鳴物はヨカ〳〵飴の叩く薄形の太鼓で、雨の音や、幽霊の出るうすどろを聞かせました。」（鏑木清方『こしかたの記』）

#ゴデス・ゴダカラのように東京弁では、「後」を低く発音する。

面白い歌（で）売ってくんだよ。

S　大正からショーワ、昭和でもあったと思いますけどね、ショーワのね、始まり頃まではあったけども、殆どね、交通が激しくなるともう全部なくなっちゃったンですよ。

（9） 土岐先生のことば

今回は、歌人・国文学者として名高く、戦後は日比谷図書館長・国語審議会会長を歴任された土岐善麿先生を目黒の斜面荘にお訪ねした。先生は浅草松清町《まつきよちょう》（現台東区）の東本願寺寺中《じちゅう》で生育され、新聞記者の道を歩まれたが、昭和十五年の定年後に田安宗武研究に没頭された方である。先祖代々等光寺の住職のお家で、おばあ様・お母様も東京、奥様も東京芝のお育ちである。（昭和五一年四月一三日収録。年齢は調査時。）

T＝土岐《とき》善麿《ぜんまろ》氏（明治一八年生。九〇歳。歌人・国文学者。）

○

――お父様やお母様のお育ちになったのは？

T　東京でしょう。#ハハモ（母）ずっとそこにいました。等光寺の住職ですからね、あたしの父は。江戸開府以来寺をついでるわけですからね。

――奥様のお育ちになられたのは？

T　芝。

――奥様によって多少変る方があるんです。

T　ああ、随分変りました、あたしは。て言うことはね。僕のことばはつまりこの、家内は芝で育って純粋に東京なんだね、商店の娘ですからね、商家の。でボカー（僕は）浅草に育ってそしてチューガッコーは日比谷、今の日比谷高校の前身の府立一中ってやつね。そして早稲田行って、早稲田の友達にはあんまり東京の人はいなかった。そぃで自然に、あの、言葉が東京語の、純粋のね、#イワバ東京方言っていったようなものをね、が、変っていったらしいね。ですから結婚した時にね、僕を東京生まれだとは思わなかったらしい、家内が。つまり、自分たちの東京方言的なね、環境の中にいた者からみると、言葉が、こう、調子が違っていたらしいですね。だからアクセントなんかも時々あれですよ、アクセントを直したンですよ。これは東京じゃこうですよって言って。

#「母」などのアクセント　現在はハハ（母）、イワバ（云わば）、ホンカ゜ンジ（本願寺）、ロンゴ（論語）、トサ（土佐）、ミカワ（三河）、イズ（伊豆）、イズノカミ（伊豆守）が多数形。

――もしかしたら、二通りあるアクセントかもしれませんね。浅草と芝では違うのがありますから。例えば**サカ**ト**サカ**ナンテ（坂）。

T　**サ**カってのあるかね、東京に。

――私は本所ですが、**サ**カなんです。深川・本所・浅草の方《ほう》はサカが多いんです。

T　えっ？　浅草が**サ**カ？　僕はサ**カ**ダナ。

――東本願寺寺中というと、御住所は？

T　#マッ**キ**ヨチョー（松清町）。……せんにはあすこ一角をなしてたんですがね、東本願寺の所が。浅草本願寺という所が。けれど焼けてから回りがごちゃごちゃになっちまって、マ**チヤト**（町家）おんなじになってますけどね。

――先生がお育ちになった頃は？

T　つまりね、回りにみぞが掘ってあってね、そして**ホ**ン**パ**ンジガまん中にあって、お寺が、#ジ**チ**ュ**ー**ッテいう、つまりさっき言ったお寺がずうっと軒並にこう建ってたんですよ、**サ**ンジッケン**グ**ライ。

「松清町」　本来はマツ**キ**ヨチョー或いはマツ**キヨ**チョーだが、ツが無声化するため。

「寺中」　ここでは東本願寺（浅草御坊）に付属する小寺の意。西本願寺は築地にあり、築地御坊といわれる。

「十《じっ》…」　早稲田大学秋永研究室で行なった言葉の馴染み度調査では、圧倒的に「ジュッテン」のほうが「ジッテン」より馴染み度が高い。これについては「東京語音声の諸相（1）」に松永修一氏の、（3）に田中ゆかり氏のコメントがある。

――先生今、三十軒《さんじっけん》ておっしゃいましたね。**サ**ンジュッケンとは？

T　言いませんね。

――そうすると、**ジ**ュッポン・**ニ**ジュッポンでなく。

T　#**ジ**ッポン、**ニ**ジッポンですね。ジッ**セ**ン（十銭）です。

――先生は「東」やなんかの、**ヒ**と**シ**は？

T　大体あたしの言葉はね、東京方言というより、さっき言ったような具合に幾らか意識的に直しているかもしれないんですけどね。東京方言でもっていう**ヒ**と**シ**の混雑は大体**ヒ**にしてますよ。

――先生は、「これを見る」という時、**コリヨー**ミルなんておっしゃいますか？　橋《はしょう》をとか。

T　むしろ、**コリヨー**ミルって言うでしょ。コリヨ**ー**。ハショー渡るかもしれないね。そんなに長くのばさないでハショォワタルッテ。ハショーッテのばさないで。

――先生はいつも「僕」とおっしゃいますね。

T　ええ。大体ね、文章書いても**ボ**クって言ってるんだ、仮名でね、書いてるんだけど。

――**ボ**カーとも……。

T　言いますね。これはね、この字だけだと**ボ**クというアクセントだろうけどね、こいつが言葉ん中になると、こんだボ**クワ**そうは思わないねっていったような具合に平らになるね。**ボク**

ワそう思わないね、というのはね、特にこう意識して言ってる場合でね。ボカーとこう平らになりますね。

——先生は「あたし」ともおっしゃいますね。

T　アタシッテ言いますね。ワタシでなくアタシノようだね。

——「あたしゃあ」ってふうにも……

T　そういうように出ることありますね。アタシャー、アッシャーって言いますよ。アタシャーっていうよりアッシャーっていった具合になることありますけどね。

——それは、はっきりアッシャーじゃなくてアタシャーのちょっと落ちたような感じで。

T　そうそうそう。

——おとっつぁん、おっかさんは？

T　オトッツァン、オッカサン、言いました。

——お父さん、お母さんはおっしゃらないでこちらだけでしたかしら。

T　ええ、オトッツァン、オッカサンテ言いますね。そいから、改まった時には父とかハハトカ言ってますから。だから、呼ぶ時か、直接その人の事をこう言いあらわす場合にオッカサンてことは言うけど。あんまり使わないですね、もう。

——奥様をお呼びになる時には、お前とかお前さんとかは？

T　あたしゃあ家内を呼ぶのにね、結婚した時からアナタと言うことばを使ってるもんだから。

――奥様にですか？

T　どうもその、お前って言うのはこう何てゅうのかね、人格を少し低く見てるような気がしたもんだから。ソィデあなたっていう言葉を使って。だから二人とも夫婦で両方ともあなたっていう。

――あの時代ではめずらしゅうございますね。

T　いやあ、つまり僕が、結婚ていうものは幾らかあれだな、こう対等な形でもってね、家庭生活やってくんだと、いうことをこの考えてた、なんだね。

――そうすると奥様は先生のことを？

T　#主人て言いますよ。ほかの者に対する、まあ、主人て言ったようなこと言ってますがね。僕の知ってたローマ字の方《ほう》の田丸卓郎先生ていうのね。奥さんがね、田丸先生呼ぶのにね、卓郎が、卓郎がって言われたんですよ。……僕らには実におかしく思えたね。「卓郎がそう言ってます」。

――私どもですとそうおかしくないんですが。

T　そうですかね。だけど僕の家内が「善麿がそう言いまし

#「主人」　現在夫のことを「主人」と呼ぶことには抵抗を感じる女性が多い。少し古めかしいが「連合い《つれあ》」というのはいかが。

た」っていったらおかしいですよ、他の人に対して。

――先生は「女房」という言葉は？

T　ニョーボとは言わないな、家内がです。

――先生のお名前のアクセントですが。（この日録音係として同行した土岐哲氏はトキ・サトシと名乗っていた。）

T　僕ァやっぱりトキナンダ。

――トキサンて呼ばれることも。

T　ええ言われます。金田一（京助）さんなんか、トキサンて言ってましたね。だけど僕ァトキナンダよね。

――前の、アイカ（哀果）とおっしゃってらっしゃいましたか？

T　僕のアクセントはやっぱり頭高だねえ。今ァ使わなくなっちゃって。「トキアイカッテいう人があるけども、あれはどういう御関係ですか？」なんて聞かれるんですよ。……そぃから「ええ、遠い親類です」ってえと、「あ、そうですか」なんて。

――お小さい時はどういうふうにお呼ばれになりました？

T　父やなんかがね、マロじゃなくマルです。ガンていうか、初めはガンノジ（丸字）書いたんです。あらあ、マロでもマルでもどうでもいいみたいだね。……戸籍はマロ。

——お小さい時に「丸」というのは、戸籍ではなく通称という意味で。

T　ガン（丸）になってましたね。……だからゼンマル、ゼンマルッテ呼ばれてましたよ。

——お小さい時お寺ですと、回りの子とは遊ばないというような……

T　まあ、そういう点がありますね。ですからあんまり外へ出て遊ぶっていうようなことはやらないで、ま、ホンガンジノ前のとこにヒロッパがありましたからね。そこら行ってジテンシャやなんか乗ることが始まった時にゃ自転車に乗ったりして友だちと遊んだけれど、大体うちん中にいて、で#ロンゴ（論語）みたいなものの素読をやらされるんだから。ええオヤジから。

——お幾つぐらいからですか？

T　小さい、十ぐらいな時ですよね。

——お経は？

T　習いましたよ。

——お坊さんにおなりには？

T　アニキがいたからね。兄貴が跡とるんだから、僕ァもう次男ですから責任はないわけだ。でもずいぶん小さな、こんな（時）、檀家のお葬式なんかあると出たりなんかして、かわいい坊っちゃんだって言われたことありますから。これでもかわいい坊っちゃんって言われたことがあるんですよ。

――先生、地名をちょっと教えて頂きたいんですが。コマカタ、コマカ゚タどちらを？

T　コマカタ（駒形）。コマカタノどじょう屋。なんかコマカ゚タッテ言われると、僕なんかあすこでないような気がする。

――トリコエ、トリコ゚エは？

T　僕はトリコ゚エッテ（鳥越）言いますね。

――アキバノハラ、アキハッパラ、アキバハラ？

T　#アキハッパラ（秋葉原）、平らですね。サツマッパラ（薩摩原）、サタケッパラ（佐竹原）。

――草加越谷千住の先よ、なんていうのは。

T　ソーカ・コシカ゚ヤ、センジュ。

――新宿は？

T　シンジク。シンジュクとは言わないですよ、シンジクに限ってね。

――では手術室は？

T　シュジツシツ。

――あれは言いにくうございますね。

#「秋葉っ原」14ページ参照。

（「土佐・三河」など二拍・三拍の旧国名はすべて伝統的なトサノクニ、ミカワノクニのように尾高型で発音された。また「伊豆・伊豆守」がイズ、イズノカミであるなどアクセントや音韻で報告したいことも多々あるが、すべて別稿とする。）

（10）　吉良の屋敷は松坂町になかった

今回は『江戸の町』（中公新書）の著書などで知られる岸井良衛氏を、文京区湯島のお宅にお訪ねして地名の発音を中心にお話を伺った。氏は大森（大田区）・番町（千代田区）のあと、小学校三年ぐらいから最近まで築地（中央区）で過された方。番町小学校・青山学院の御出身である。お父様は埼玉から早くに東京に出られ、お母様は湯島から日本橋でお育ちという。（昭和五五年八月一九日収録。年齢は調査時。）

K＝岸井良衛《よしえ》氏（明治四一年生。七二歳。江戸風俗研究家。）

○

——お書きになっていらっしゃるものの、チョーとマチは（町）、その時代の読み方なんでしょうか。

K　大体江戸時代の読み方でしてるんです。……チョーとマチとは昔の人は黙っていてもチョーにしか読まなかったりマチにしか読まなかったり……それがだんだん、どうにでも読めるようになってしまったために、マチとチョーが区別がつかなくなってしまったんだと思うんですよね、それから東京の人と大阪の人は大体において、東京はチョーで関西はマチというふうに。例えば、「#花のエドチョー（江戸町）、キョーマチヤ（京町）」ね。江戸はチョーで京はマチダ。ところが江戸でもマチという所があるわけですよね。
――ええ、オカチマチとか（御徒町）。
K　字は違うんですけれども、例えばタマチ（田町）っていうと歌の方の。タチョー（多町）っていうと神田の方ですね。字が違うからではないでしょうか。習慣だろうと思いますが。
――やはり音とか訓の取り合わせがあると思いますが。
K　（御徒町のような）大概はコーユヨーナものには「お」がついてたんですよ、江戸時代には。で、明治になってから「お」を取ってしまったん（だ）。で、未だに取らないのがオカチマチですよ。だから、例えばここにあるこの箪笥、#オタンスマチ（御箪笥町）です。
――御徒町はちょっと取りにくいですね。
K　取りにくいです。これ全部ねえ、あの徳川から、江戸から東京へ来た時に「御《お》」を全部取れっていう命令が出てんです。その為、そうなってくると、下が変ってきてしまって、間違えてチョーになったりしてしまう。オタンスマチとは言えるんですが、「お」を取っちゃって箪笥っていうと、タンスマチって言いにくいんでタンスチョーって言っちゃったり、いろいろするんですね。

#「花の江戸町…」清元「北州」の一節。
#「おたんすまち」東京の「御箪笥町」はすべて「箪笥町《たんすまち》」に改称されている。現在東京の町名で残るのは牛込（新宿区）箪笥町ぐらいか。

——**テンマチョー**、**デンマチョー**（伝馬町）、どちらでしょうか。

K　**テンマ**が本当です。#**テンマチョー**。上へつくと**デ**になる。小伝馬町って場合だと。この頃よくね、（テレビなどで）**テンマチョーノ・オロー**（御牢）っていうのを**デンマチョー**っていう人がいる。

——（字を見せて）「中洲」は？

K　これは　#**ナ**カズ、**ナ**カズです。

——**メジロ**・メジロ（目白）どちらを？

K　#**メ**ジロ。

——そうすると**メ**グロ（目黒）と同じ？

K　だって、**メ**ジロ・**メ**グロ・メ**アカ**（目赤）とあるんだから、オフドーサマが（お不動様）。メ**アカノフ**ドーってのがありますよ。……メ**ジロ**っていうと、あれんなっちゃうんじゃないの？　鳥になっちゃう。

（このほか地名等の古めかしい発音としては、**コ**ンメ（小梅）・**ス**イジン（水神）・**オンボボリ**

#「伝馬町」28ページ参照。

#「中洲」浜田義一郎『江戸文学地名辞典』をはじめ、多くの辞典で「なかず」とするが、『角川日本地名大辞典』では「なかす」とする。地名の清濁にあまりにも無神経なのは、辞典としては困ったものである。

#「目白」（地名）a神保格・常深千里『国語発音アクセント辞典』、b『日本語アクセント辞典』（NHK）昭和18年版、c『明解日本語アクセント辞典』昭和33年版は**メ**ジロのみだが、bの41年版、cの56年版は両様。

（隠亡堀）・キッショージ（吉祥寺。八百屋お七の～）・エコーイン（回向院）などがあった）

K　これはよく僕は言うんですけども、吉良の屋敷が本所松坂町じゃありませんよ。武家屋敷に町名はないの。あそこは本所#ヒトツメトカ（一ッ目）フタツメトカッテ（二ッ目）。で、吉良の屋敷が……アーフナ事件があって上知《じょうち》されてそれを町《まち》に直した時にマツザカチョーっていう名前になったの。ですから、本所松坂町の吉良の屋敷でってことはうそ（です）。武家屋敷に町名はありません。町じゃないんだ、武家屋敷なんだ。で、明治五年ですけれども、どこのお屋敷とどこのお屋敷を含めて何とか町《まち》にするっていう決めがあるわけ。だからその明治になって全部武家屋敷なくなってしまって、ジョーチシテ（上知・上地）しまいますね。アゲチニ

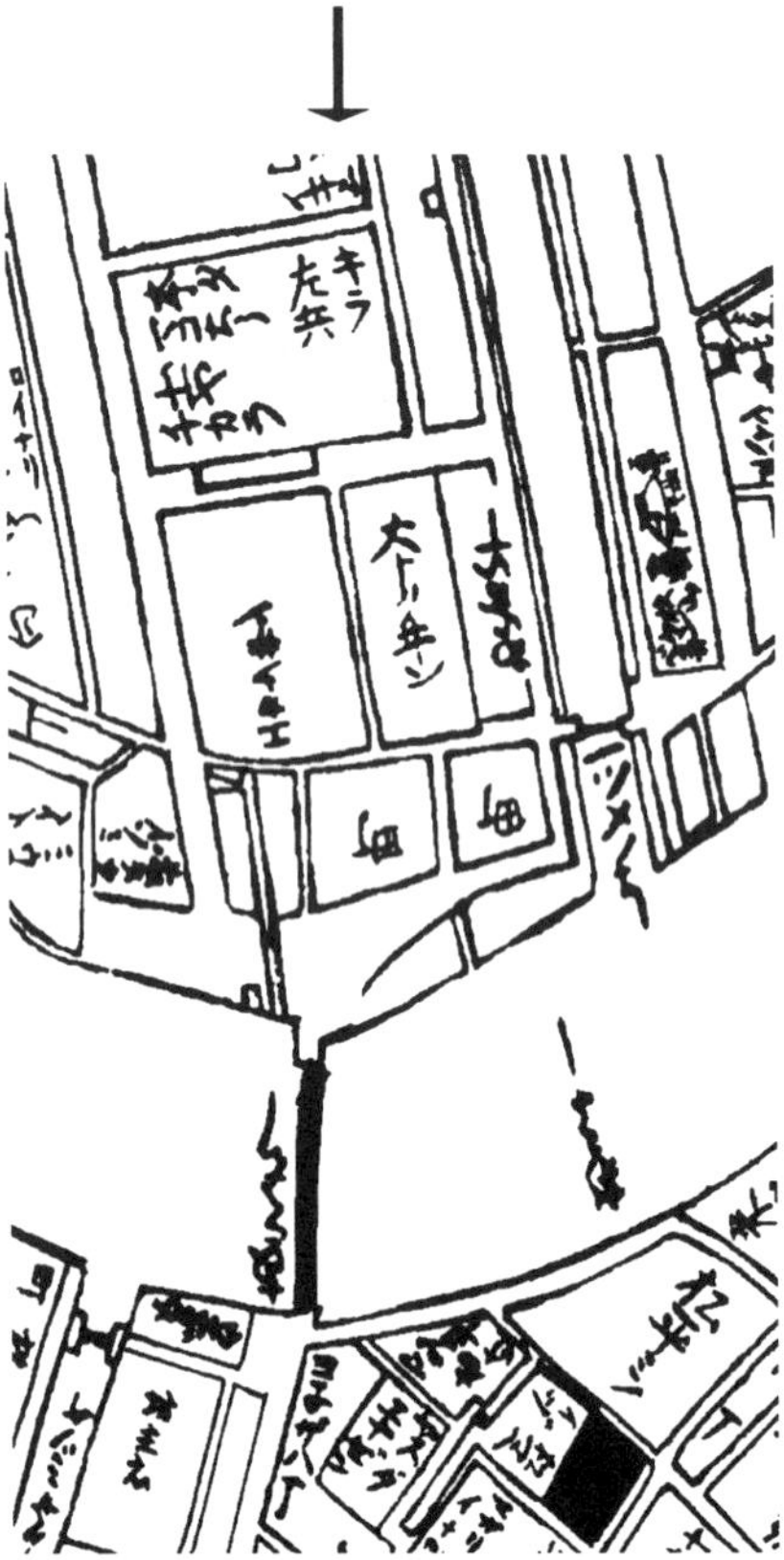

改撰江戸大絵図（元禄15年）

#「一ツ目」　本所相生町（墨田区）の竪川《たてかわ》にかかっている一つめの橋（一ノ橋）の周辺の地名。何番目という時はヒトツメワ・フタツメワだが、地名はヒトツメデワ・フタツメデワのように平板型で発音する。

なっちゃって。

——先生のお母様の方は？

K　（母方のおばあさんは）純粋の江戸っ子なんです。僕ら例えば「おばあさん、それだめよ」って言うと、「駄目なんてことばはないよ、イケネーッテンダ、ダメワ碁のダメダケダ」。ナイフなんて絶対言わない。「なんか包丁持っといで！」こういうんです。

わたくしのシショーが（師匠）岡本綺堂なんですけれども、「ふつうはそれでいいけれども君はそう言っちゃいけないよ」って言われた。それは、なになにナスッテッテいうのと、ナサッテッテノ。ナサッテッテ言ったほうが、サが正しいんだ。でねえ、関西弁か東京弁か区別するのはボクワねえ、関西訛りで言えることばは関西弁だと思ってる。だから東京訛りで言えることばは東京弁だと思ってるんです。

例えばそれは、イケネッテンダッテいうの、いけないンダだけども、イケネーと言えるからだからこれは東京のことばだと、ですね。それから、なになにしてホシーワッテ言えるからこれは関西。東京の人はなになにしてもらいたいって、モレーテート言えるでしょう。

——この頃、何何させて頂きますっていうのが……

K　あれはうそ。あれは翻訳語です。……東京のことばには大体にあのう、受け身のことばはないん（です）。だからこの頃のように、「お休みさせて頂きます」ってねえ。

――あれはいやでございますね。

K　いやですねえ。休みたかったら勝手にやすみゃあいいんでねえ。

――お休みいたしますと。

K　それを「させて頂きます」っていうと、あれは慇懃《いんぎん》無礼なことばです。

――関西はああ言いますでしょう。

K　関西語っていうのは受け身のことばが多いの。つまり商人の所ですからね。なんてんですかね、物をはっきり言いきってしまわないんですね。……言い切っちゃったらあとがツキ゚ホカ゚（接穂）なくなるようなことはしないことばなんですね。

――歌舞伎のことばなんかは……

K　歌舞伎は歌舞伎訛ってものがありますがね。もう一つは女形《おんながた》さんは女形訛ってあるんです。女形訛ってものは殆ど関西弁なんです。例えばね、#揚巻のね、セリフ（台詞）なんてね、「たとえてみればユキトスミ（雪と墨）」、（東京のように）ユキトスミトワ言わない。

――揚巻のせりふなんかでも気がつくのは、何とかでゴザンスじゃなくて、#コ゚ザンスというような。

K　ええ、コ゚といいますね。

#「揚巻」　歌舞伎十八番の「助六」に出るおいらんの名。

――先日私、延若の#水野を見て、旗本奴が関西訛で困ってしまいました。

K　ありますね、よく。先代の**エンジャクサンカ゚**ねえ、修善寺物語に頼家をやりましてね。大変に十五代目の羽左衛門の頼家とちがってよかったんですけれども、あの、序幕でもって帰る時にねえ、ひょっと#オ**コツキマ**シテね。「おお、いつの間にやらク**ローナ**ッタ（暗）」っていうとこがある。それをそこいくと**フ**ットつまっちゃう。「いつの間にやらク**ロ**ーナッタ」って言ってしまうんです。（このアクセントだと「黒うなった」になるので）「違いますよ、ク**ローナ**ッタですよ」って言われちゃうと、ふっとどうだっけなって思う、でつい間違えたほう言ってしまうのね。で、「おおク**ロ**ーナッタ」って言ってしまう。関西人なんですね。それからねえ、時代劇で一番困んのがソ**ナタ**ッ**テ**（其方。人称）いうのをこの頃**ソ**ナタッテ。**ソ**ナタってのは**ムーンライトソ**ナタってな時の**ソ**ナタですよ。

#「…ゴ゚ザンス」　七代目菊五郎もゴ゚ザンスと発音していた（昭和52・1・14）。このことについては、『国語発音アクセント辞典』の解説に、東京と上方《かみがた》のカ゚行音を比較して「……上方では『ございます』の『ご』をゴ゚と発音することがあるほかはぴつたりと符合してゐるのである。」というのがあり、これも関西弁から入って女形に伝承されたことが分る。この頃は、ゴザルまでゴ゚ザルという歌舞伎役者がいて、困ったことだ。

#「水野」　「湯殿の長兵衛」に出る水野十郎左衛門。

#「おこつく」　舞踊やかぶきのしぐさで、つまずくように片膝の力をぬいてややかがみ、すぐ立ち直る型をいう。「うぬ、この返報《へんぽう》は。（トちよとおこつく）」（黙阿弥『縮屋新助』）

――二十年ほど前に歌舞伎の芝鶴さんが、これはソナタじゃなくソナタだよって、たしか。

K　坪内さんが#ソナタとおっしゃった。逍遙さんが。あの人は名古屋の人で。たとえば十五代目の羽左衛門が助六をやっていて、髭のイキュー（意休）が（刀を）抜こうとすると「ヌケヌケ　ヌーケー」って言いますよ。（これも）歌舞伎訛。僕らは「ヌケヌケ　ヌケー」って言って貰いたいのね。そこいくと、どっちかっていうと二代目の左団次はきちっと標準語で……そんな（助六のような）役はしなかったけど。それからこの頃NHKで殆どのアナウンサーが#マノ（魔）時間。（傍から夫人が「あれは気持悪いですねえ」と声あり）

――マガサスのマデスカ？

K　マノジカンて言わないで。#オーマガトキ（逢魔

#「そなた」　山田美妙『日本大辞書』は「全平又第二上」とある。私の調査でも一般の人、歌舞伎の立役の人にはソナタが多くソナタが稀にある程度だが、女形はソナタとソナタが聞かれる。先代の三津五郎はソナタの発音を聞くといやな顔をして「ピアノじゃありませんよ」と言ったとか。芝鶴丈が逍遙の影響を受けたとすれば、大正九年五月に逍遙作・監督の「名残りの星月夜」（歌舞伎座）に狂女の代役で出演したあたりであろうか。なお京都アクセントはソナタの他にソナタもあるようだ。なお、一九八九年から一九九三年の東京旧市内生育の高年層二十人調査では、ソナタが一八名、ソナタが一名、両様が一名で、頭高型への変化が目立った。

時）って言いますね、昔は。それのつまった言葉ですね。そいからねえ、#オー（大）を全部ダイに言っちゃう。H先生がいいでしょうっていうからって。……物分りがよすぎるからいけない。もっと強情になってくださいっていう（んです。）

#「魔の時間」 NHKの『日本語発音アクセント辞典』が41年版以降マガ・マ゜カの両様を許しているせいだろう。「魔がさす」は私の調査では現在でもマガサスのみ。

#「逢魔時」 筆者も同アクセント。「大禍時《おおまがとき》」の語源意識だとオーマ゜カトキ・オーマガトキとなる。

#「おお…」 宇野信夫『しゃれた言葉』19ページにも「大体、演劇——殊《こと》に歌舞伎の世界では「大《だい》」という言葉は殆《ほと》んど使わない。「だい歌舞伎」とはいわず「おお歌舞伎」である。なぜそう言うのかと言われると、これも返事に困る。「大《だい》」という言葉は、どぎつく、柔《やわら》か味《み》が不足しているせいであろう。「大《おお》先生」「おお師匠」「おお番頭」「おお旦那」すべて、おおと発音する。」とある。

(11) 寄席のことば

今回は寄席下座囃子の長老の橘つや氏を新宿末広亭におたずねした。氏は麻布永坂町（港区）の茶道具屋さんの一人娘としてお生まれで、御両親・おじい様も麻布、おばあ様もそのお近くで生育されたそうである。（昭和五一年七月三一日収録。年齢は調査時。）

T＝橘つや氏（明治三一年生。七九歳。寄席下座囃子三味線方）

○

――#出囃子というのは噺家《はなしか》さんによって……

T　ええ、皆さんめいめい違うんです。思い思いに。（曲は人によって）おおよそ決まっとりますねえ。

――何か文楽さんは、あ、何ていうんでしょうか、文楽師匠っていうふうにお呼びするんでしょうか……

T　**ブンラクシショ**ーデス。（出《で》の曲は）ノ**ザキ**デス（野崎）。

――ノザキでなく。

T　いえ、ノ**ザキ**デス。**ノ**ザキでなく、ノ**ザキ**。

――その、ノ**ザキトカ**、ノッ**トト**カ、サ**ツ**マトカ（以上曲名）、

#「出囃子」　寄席の用語のほか、噺家《はなしか》の名前・出囃子の曲名の発音・アクセントなどについては、「下座ばやし　橘つや女聞書」（一）～（五）（『国立劇場演芸場』47～51、昭58）で紹介した。本書175～201ページ参照。

そういうアクセントは私どもには分りませんですね。
T　そいだから、今のアナウンスの方がとてもアクセントが悪いんです。え、そぃですからね、エンユーサンガ（三遊亭円遊）いやがってね。サンユーテー・エンユーサンて言うってね、自分がね気にしてね。（高座に）上がるたんびに。でね、イマスケさん（古今亭今輔）のことコンコンテー・コンスケサンテ言うって。マーッタク一《しと》つばなしですね。ＮＨ《エッチ》Ｋですよ。で、おこりましたよ　今輔さん頑固だから。コンコンテンコンスケサンて。だから、最初に下読みと言うものあるだろうっての。ナーンテ・コッタローッテネ、おこりましたけどね。そぃでアクセントがとっても違うのね。……とっても気ンなるようなこと言う人《しと》があんのね、だから三味線ひきながらもね、顔しかめるようなことがありますよ。
——よくバショーサン（馬生）なんて……
T　そうそうそう。バショーじゃなく、バショー。いやだって言いますよ、みんな。
——直してくれないんですか？
T　ん、だからそれを言うと、「このほうが発音が正しいんだ」って向うで言うんですもン。
——そんな馬鹿な！
T　だからそれはね、なんてんでしょうね、昔っからこうなんですがっていうと、それが分ンない。私時々言い合うんですよ。マイノカタワ（前の方）、古い方《かた》は、ああいう（#能条さんのような）古い方だと発音はやかましかったんで。この頃の回りの方がちっともそういうこと（やかましく言わないから）。そいで言ってあげてもね、「いやその発音のほうが違うでしょ」ってほかの人が言うから、本人はあんた、みんな大勢言うから、「おや、おれのほうが違ってんのかしら？」って言ってますよ。そういうふうに物が違ってきちゃったんです。

――歌舞伎のほうもこの頃駄目なんです。

T　そうです。#ショーロクサン（尾上松緑）のうちへよくあたくし行くんですけど、ショーロクサンところも、よくそう言ってますよ。（それから）この節《せつ》の子はみんなドアワしめるけど障子をしめたことないから、障子のものやる時は骨が折れてしょうがない。#キラレノヨサ（切られの与三）なんか、足でほらやってしょ。あんなとこはモロニオセーナクチャー、障子のあけたてができない（って）。今の坊ちゃんがたは……みんなドアで育っちゃった。まずいもんですね。

――ええ、こちらが畳にすわっているのに立って挨拶したり、

「能条さん」　NHKプロデューサーの能条三郎氏。

「松緑さん」　尾上松緑氏。ショーロクの発音のほうが一般と思う。

「切られの与三」　本題「与話情浮名横櫛《よわなさけうきなのよこぐし》」。与三郎の「しがねえ恋の情が仇《あだ》」の名ぜりふが有名。

障子の桟で開けたてする子がいますもんねえ。それでこちらへは毎日？

T　あたくし、毎日なんですけどね。もう、イーアンバイニ、今下に居るのも、ま、一等賞のほうですけれども、みんなうまくなりましたからね。いつよしてもいいようにしとかなくちゃあ。やっぱし責任上ね。だから、もうどこ行っても古い顔だから、お母さんで通ってます。

――あ、お母さんて……

T　え、そうです。中にゃあね、あの古今亭なんぞ口が悪いからね。あのう、なんての、「牢名主どうしたい！」って言うんです。#高いとこへ乗って文句言ってる。

――噺家さんの事は三遊亭さんとか古今亭さんとかおっしゃるんですか？

T　あのシショー（師匠）って言います。どなた見てもあたしたちは。でももう師匠たちの方が若かったりしてさ。あたしよか新しい人がいるからね。もう、お母さんだのね、いろんなこと言いますよ。……どなたでも向かって話する人は師匠にしとくんです。

――師匠どうしは？

T　名前を言わない。え、そうなんですよ。そいでね、あたくしたちもね、そういう立場（下

「高いとこへ乗って」　寄席の三味線ひきは、カゲ（みす内《うち》）のちょっと高い所でひくから、牢内で高い所で指図をする牢名主にたとえたもの。

座という立場）ですから、一番*スソノモノデスシ（裾の者）、こっちはえばってるけど、向うのほうが、ほらあとから来た人《しと》が多いからね。だから、どなたァつかまえてもシショーですよ。

――前座さんなんかは？

T　いえ、前座さんなんか、もう、二つめさんとかってね、そんなのァもうお友達とおんなじですからね。それをよくね、しとかないと、落語界が駄目ですよ。そういう坊ちゃんたちが多いからね、今ァね、駄目ですね。

――けじめをよく仕込んでおかないと。

T　ええ、よく気の毒なようにイゴイテ（動）ますけどね。

――以前はずいぶんと寄席が多かったようで。

T　その昔は三十何軒東京に寄席がありましたから、つまり*ハヤバネトシテ（早ばね）八時頃はねちゃうとこと、そいから昔はあたくしたちなんぞも、なんですよ、悪い、まだ下っぱの時は*ニケンバネノ（二軒ばね）ほうへやられんですね。と、十二時頃ンなんです。それァオーシンウチでなきゃとりませんね。

――大真打っていうんですか。

T　大真打って、ま、文楽さんだとか志ん生さんだとか、大真打でしょ。若手じゃそれはできませんね。寄席でもそういうことしませんね。

——真打《とり》っていうのを、とりをとるっていうふうに……

T　ええそうです。#トリオトルッテ言います。

——それから、給金は今でも割《わり》でございますか？

T　え、ワリデゴザンス。#タロー（太郎）って言います。

——割をどうするって言いますか？　付けるとか、貰うとか……

T　頂く、と言いますよ。

——割看板というのは？

T　一枚看板でなく、そこの看板に二人の名前がワルトカ、三人でワルトカあるでしょ。そういうこと言いますね。ワリカンバンテ。お互いの位置の人《しと》が、つまり大小無いっていう、ね。大小があっちゃ割看板にゃならないわけ。片っぽ小さく書かなくちゃなんないでしょ。ね、ソーユコト。

——お育ちになった麻布も、ずいぶん変りましたで

#「とりをとる」「昔から、初席でトリ（主任）をとれるようになれば、これはたいしたもの」「噺家の分を、トリをとっている大看板の師匠が預りまして、出演の噺家全員に分配するわけでして。」（橘右近『落語裏ばなし』）

#「太郎」給金だけでなく、一般にお金のこと。タロとも。「寄席の芸人の気持ちというか、人情というか、すっかり変わりました。若い人はみんなりこう者になっちまった。どこか抜けたようなおかしさがなくて、タロ（お金のこと）になることばかり考えている。」（橘つや「私の人生劇場」東京新聞、昭和43・1・23～28)。「当時、火の車の世帯でしたので、この番付のタロでどうやら一息ついた思い出もあります。」（橘右近『落語裏ばなし』）

しょう。

T　ええ、今変っちゃって分んないンですね。あたしたちゃあ芝の田村町までは歩いて行きましたから。デンシャ（電車）が、だって、増上寺、あすこまでしか行かなかった。だから麻布から歩いたもんですよ、夜でもなんでもね、シバサンナイ（芝山内）を抜けて。

――あの頃クラスで何人ぐらい女学校へ？

T　五人ぐらいね。更科《さらしな》ってそばや、あすこの娘だの、そいから十番（麻布十番。地名）へ来て角《かど》にまだ瀬戸物屋がありますよ、そこの娘さん、そいから河内屋っていう紙屋の娘さん、そいから鈴木ってタビヤ（足袋屋）、そいからオユーヤガ（お湯屋）あんですよ、おしげちゃん、……ベッピンサンデ（別嬪）評判なってたものですよ。五人娘だ。その五人が女学校（府立第三高女）行ったわけです。その一番カスなんですよ、あたしが。……みんな大家《たいけ》へいっちゃったんですよ。あたし一人《しとり》が養子とって、その一番ビンボックジ（貧乏籤）ひいちゃったン。……

――結婚されて薬屋さんをされたそうですが、コグスリ・コナグスリ（粉薬）どちらをおっしゃってましたかしら。

T　コナグスリともコグスリとも言いましたね。医者からくるのをコグスリって言いましたねえ。ふつうのをコナグスリって言いましたかねえ。うちは薬屋でしたから……袋物（袋入りの薬）を多く売ってましたからね。同じなんでもさ、自分とこで薬剤師がいませんから薬剤師の学校へ三月《みつき》ばかし行ったんです。昔、炭酸やなんか売るんでも薬剤師の免状がなくちゃ売れなかったんですよ。キグスリヤ（生薬屋）ですから、引出しで、清心丹《せいしんたん》だとか仁丹だとかそういうものが主《おも》でしたから。で、三月ばかし行きまして軽い試験を受けて、そいで何です、硼酸《ほうさん》だのニッキ（肉桂）なんてもの売ってましてね。（ところが十九歳でお婿さんに病死されて、神田立花亭の切符売場につとめるようになられたそうだ。）

——今お幾つに？

T （今年は）ハチジューンなるんですよ。シチジュークデス。（明治）三十一年。

——お若いもんで、つい長々と伺っちゃって申し訳ありません。お疲れンなりましたでしょう。

T ブサイク（不細工）な人間で……疲れるなんて、何にも用ないですから。（このあと御家族の話になって）うちの（嫁）はみんな朴訥でね、どっちかっていうと、*イマハヤリノ（当世風の）子じゃなくってね。そりゃいい子ですよ。どっちの嫁もね。そのかわりブッコツナイですけどねえ。

——はっ？

Ｔ　#ブッコツナイ、かまわないということね。

#「ぶっこつない」『日本国語大辞典』では「不風流である。洗練されていない。」として「首に箱かけてぶっこつない男」（『川傍柳』）の例があがる。

（12）　物売りのことば

今回は、古い東京の面影を伝える物売りの話の幾つかを記して、しめくくりとする。話し手は「東京のことば」1～11に登場された方が多いので、簡単に上げておいた。
会話が入りみだれて話者の確定がしにくいものは、／で話者が変ったことを示した。

○

〈かんかち団子・＊きみ団子〉

児玉・佐野　キ**ミ**ダン。コ。　**カンカチダン**。コッテよく言ったね。／一口に言って**カン**カン叩くでしょう、臼をね。／**チ**ャンチャカチャカ。／**カンカチカン**。／**カンカラカン**テ叩いて、人を呼ぶのにね。それを太鼓の代りに打ったから。／そいで、かんかち団子っていうの。**カン**カン、**カン**カン。

児玉　**キミ**ダン。コワみんな蒸《ふか》してうでてあるんスね。そいつォこう拭いて、こうやって、布《きれ》でこうやって、そいでね、**キ**ナコー（黄粉）ふっとつけてね。そいで二本、三本、一銭ぐらいで皆我々《みんな》食べたんです。

——そうすっと、もう丸い形はできてんですか？

児玉　できてんです。

――きび団子ときみ団子と違うんですか？

佐野　キビとキミと違うんですね。黍《きび》ってあってでしょう。あれでこしらえた、あれは柔らかいんですよ。きみ団子ってのはね、固い団子ですよね。餅みたいのね。カタークしたやつね。かんかち団子ってェ、きみ団子。キミ。

児玉　きみ団子ってたな、うん。両方売ってたこたァ売ってたんだねえ。

佐野　かたっぽは、ほら、カチャカチャカチャやるね、かんかち団子って一口に言うことはきみ団子。キミノ団子。（佐野四郎氏。明治三二年生。児玉慶一郎氏。明治三四年生。85ページ参照）

○

伊藤　かんかち団子って、物売りそのものは知らないけど、緊張してカンカチダンゴノようになってるとは言ったわよ。（伊藤とし子氏。明治四二年生。台東区下谷で生育。）

○

高見　キミダンゴ。キビの方じゃなく、なんて言うんでしょうね、茶っぽいんですよね。ゆでたもんで、三つか四つぐらい串ィさしてあって。お団子そのものには甘くも何にもないんです。そいでそれを黄粉つけて食べるのが好きでしたね。（高見タカ氏。大正五年生。墨田区両国で生育。)

(どうやら、もろこしや葛《くず》でつくる「かんかち団子」をその色合いから「きみ団子」とも言っていたようだ。辞書には、「きみ団子」は「きび団子」に同じとあるのみ。)

○

〈飴饅頭・どんどん焼き・甘酒〉

高見 あたしがかなり大きくなってまで父なんかが「ほらアメマンジュヤサンガ来たよ」なんて。

――やっぱり屋台ですか?

高見 ええ屋台です。そいで、お饅頭《まんじゅ》するように飴をこうやりまして、そこへ餡《あん》こ入れましてね。

――飴って何の飴ですか?

高見 ええっと、白いさらし飴の柔らかいのです。(そこへ)餡《あん》こ入れんの。そいでおかめだとかひょっとこだとか。

――格好《かっこ》つくるんですか?

高見 あの、押すんです、木型を。まあるくして串さしますね。串っていうよりも今でいうお箸みたいな。そしてこうやって食べるんだけど、あたしはそうじゃなくて、ただまんまるいまんまで、その、押さないでいいわ、なんて言って買いましたね。

——どのくらいの大きさですか？　一寸ぐらい？

高見　ええと、このぐらい。そうですね、ええ。

（辞書に「近世の駄菓子の一種」とあるのは、近代の小説などにその例がなかったものか。）

——今もんじ焼きっていうあれも屋台で来ましたか？

高見　ええ、#**ドンドンヤキ**ね。屋台っても。

——**シンコヤサント**同じような屋台？

高見　そうです、そうです。それで来た時に**ドンドンヤキ**というの、太鼓でも打ったのかなあ。そのしらせにね。

——で、それをどんどん焼きって……

高見　それがどんどん焼きで、あれ（今川焼き）は**タイコヤキッテ**（太鼓焼き）。

——もんじやきっていうと。

高見　自分でその**モンジヤキヤ**行ってまた汚したっておこられた覚えがありますからね、それは自分で焼くわけ。

——屋台ひいて来る場合は……

「どんどん焼き」「町に来る屋台のどんどん焼きは、客には焼かせないし、結構高級なものです。この屋台は主に花柳界で商売をしていました。……お好み焼きと違う、というのは、これもおしんこ細工みたいな、水際立った職人芸を持っていたからです。」（森義利『幻景の東京下町』）

高見　自分で焼かないんです。男の人がこのぐらいのあれですからね、バンデ（板）。

——一尺ぐらいの。

高見　そうですね。そいでお鉢なんていうのはとても楽しかったです。あたしお鉢専門みたいだった。底を焼きますでしょ、そィでこういう細長いものを焼きましてくるっとやってくっつけて、そィで餡こを入れて。

——亀の子を焼いて、伊藤さんて人はそれをこよりでぶら下げたって言うんですけど。

高見　キョーギ（経木）でしたね、たしか。

——売る人によって違ったんでしょうね。

（多くの辞書は、「どんどん焼き」を「今川焼き（太鼓焼き）」に同じとし、「もんじ焼き」に同じとはしない。私は家で焼くのが「どんどん焼き」で、食べにいくのが「もんじ焼き」、買いにゆくのが「太鼓焼き」（今川焼き。丸い型に入れて焼くもの）だとばかり思っていた。この節はもんじゃ焼というのもあらわれた。）

高見　それから売りにくるんで私が覚えているのは#甘酒屋さん。夜が多かったんですね。

#「甘酒屋」「夏には甘酒屋もきれいなお釜を四角い箱にのせて、一方は茶わんなど入ったのとてんびんで、あまい〳〵と来ます。」（『ふみ女覚え書』。なお秋永ふみは明治二六年生）。『守貞漫稿』（巻之六生業）に「京坂ハ専ラ夏夜ノミ売レ之……江戸ハ四時トモニ売レ之」とあるが、近代は東京も夏の夜だけになったものか。また同書には京阪の釜は箱の中に、江戸の釜は箱の上にあるとして両方の挿絵があるが、この点は近代も同様のようだ。

――何て言って。

高見　「**アマイー**、**アマイー**」って売りにくる。このぐらいの箱にお釜がかけてあって。で、やっぱし中に、煉炭じゃなく（炭か）何かあったんじゃないんですか。たしか両方にこう、天秤でね。

――芝居に出てくるような格好ですね。

○

〈#おいなりさん〉

大谷　夜、八時すぎんなるとね、ちょうどハ**ラ**ァ（腹）すいた時分にね、ここの**オーダナヤナン**カントコエネ（大店）、「**オイ**ナーァリサ**アン**」テ売りにくる。そんな時にゃ**オイ**ナリサン、そりゃいなり鮨を売りにくる。（大谷代次郎氏。明治三八年生。22ページ参照）

○

〈桶屋・*ゴムホース屋〉

北島（秀）　（小僧時分は）朝だって水で皆ァ拭き掃除から全部するんですからね。仕事場の職人さんが使う細工場の道具は全部、

#「おいなりさん」　神社のことを伺った時は、オ**イ**ナリサマ、オ**イ**ナリサンと発音された。私の明治・大正生まれの東京人の調査でも、オ**イ**ナリサン・**オ**イナリサン・**オイ**ナリサンの三様だった。「私がまだ小学校の、一～二年の頃ですから、明治末期なのですが、夜中になると、外にお化けが通るんじゃないかと、恐かったのは、稲荷寿司売りの声でした。」「甘酒屋とお稲荷さんは陰気で怖い声でした。」（森義利『幻景の東京下町』）

雑巾ゆすいだりなんかしてましたから、もう、#ヒビアカ゚ギレ切れますよ。

竜村　今もう、そういうヒビアカ゚ギレないねえ。

北島（秀）　ないねえ。表へあの#オケヤノ（桶屋）子がさあ。天秤棒に、オケヤー・オケヤーッテ歩いて、桶屋の直しを。そんなのみんな、ヒビアカ゚ギレだったね、今考えっとねえ。

――オケヤカ゚呼んで歩いてたんですねえ。

北島（秀）　注文とって歩いてんの、つまり、晩年は落語にある、ゴムホースヤデゴザイってあるけどね。昔はそのねえ。

竜村　ゴムホース屋だってェね、今は。

北島（秀）　今ァ全然いやあしないですよ。そんなもんなる人いないよね、考えてみりゃあ。

竜村　であのう、リンカ゚（鈴）車へついててね。

北島（秀）　そうそう、そうそう。リンリン鳴らしてね。……こうやって（車を）ひっぱってね。ジャンジャン・ジャンジャンてね。学校の、田舎の学校の授業が始まる時打つ、鐘みたいなやつ。

竜村　そうそう。あれの小さい、手のついたやつ。こうラッパノネ。

#「ひびあかぎれ」　ヒビヤ・アカ゚ギレガといわず、ヒビアカ゚ギレ、またはヒビアカギレ（ヒビアカ゚ギレも）と複合して発音するのがふつう。

#「桶屋」　新しいアクセントではオケヤ。

北島（秀）　いやァ、今考えると変りましたねえ。しあわせだね今の子は。しあわせだから好い加減なのが出てきやんだ。

竜村　オヤジガねえ車ひっぱってねえ、親父《おやじ》ってまあ主人ていうか、その、箱車をひっぱってね、リンリンテ鳴らしながら通るんだ。そうすると小僧はゴムホース何本か持ってね、箱並《はこなみ》だよ、ずうっと歩いてる。

北島（秀）　小僧はこんなの持ってそィでアルッテンダよね。

――それはどういう？

北島（秀）　見本だよ。つまり切ったやつ、見本持ってね。そィで親方か主人か、あァ職人が、それが車ひっぱっていっぱいソコイ積んであるわけ。そィで小僧はその見本を持って、「エー、ゴムホースヤデゴザイ」って、こう歩いてるわけだよ。

北島（き）　ゴムホースっていうと、そしたらその時分は、そいじゃ水道がひけた当時なのね。

竜村　ああそうそう、勿論大正時代まであった。

北島（き）　だってあたしは、子供ん時覚えてっけどサァ、うち共同水道だったわよ。

北島（秀）　そらあ皆《みんな》もう昔はね、コーユ長屋があって、長屋の奥の方にこういう鉄の、鉄兜みたいで、鍵がこんな大きいんだよね。そィで鍵持ってって、それをこうやって。そィで流し（流し台）がみんな*座り流しでしょ。そィでみんな甕《かめ》が置いてあったんだ。そこへ汲みこむわけ。

竜村　だからね、裏まではね、それははいらねえ。表通りだけだよ。商人のとこだけ、ホース持って。

北島（秀）　そィだから甕《かめ》へみんな共同水道から汲んで汲み込むの。俺なんか兄弟でカワリバンツ（代わり番つ）一日置きでやったけどね。その為にその甕ん中へメメズ。カ入ったりなんかするんで、#オフジサマで藁《わら》の竜《りゅう》を売ってあるわけなんだ。あれ虫よけなんだ。それを前ブルサゲテオク、甕の前へ。

竜村　おまじないだけどね。あの藁細工だね、あの商売がもうお富士様にゃねえ、何軒も出てた。

北島（秀）　今お宮だけでね。今、昔の型じゃないですよね。カッコワルイよね。昔はあれは熊手屋みたいにずっと並んで売ってたんだ。

竜村　要するに、早い話が五銭のもあれば十銭のもある、五十銭から一円まで。

——甕へこうくっつけとくんですか？

北島（秀）　いやいや、ダイドコノムコーッツラエネ。甕を置いてある*向うっ面、羽目《はめ》へね、ぶる下げておくの。それがめめずやなんかが入らないっていう。……

#「おふじさま」　浅草や駒込のお富士さん（浅間神社）の祭礼では麦藁の蛇が売られる。「月のはじめに、お富士さんがある。浅草で植え木市の立つ日だ。」（安藤鶴夫『わたしの東京』）

北島（き） わたしが子供ん時にばけつになった。寸胴《ずんどう》の＊#ブルキノサー、ズンドーノバケツ。

（北島秀松氏　明治三八年生。同きぬ氏。大正一一年生。竜村氏明治四二年生。皆さん浅草育ち。39ページ参照）

#「ブルキ」　ブリキの転。斎藤秀一「旧市域の訛語」（『東京方言集』）にもある。

落語の言葉あれこれ

ここで「落語のことば」といっても、江戸・東京のことばに限ってのことである。それも落語の世界にだけ現われることばなどというものはあり得ないから、いわゆる江戸落語にも現われる庶民のことばということになろう。アクセントやイントネーションなど発音のことは別にすると、東京独得のことばというものはあまりない。年よりが使っていた、いや自分も昔は使っていたがこの頃は若い者にちっとも通じなくなってしまった、だからこれはこの土地だけの方言なんだと思いこむことが多いものである。ところが案外に同じことばが同じ解釈で、上方弁・江戸弁双方の辞書にのっていたりする。つまりそれぞれの土地で、ほろびゆく上方弁だ江戸弁だと思いこんでいたものが、かつては同じように使われていたというわけである。ことに女ことばなどは上方から入ってきたものがかなりある。次の「オカチン」もそのようだ。

「(下手へ) 冗談じゃないよ、この人ァ。しっかりおしよ本当《んと》に、幾日《いくンち》だと思っているんだよ、今日は。暮の二十八日だよ、おかちん一切《ひときれ》ないじゃァないか、呑気なことといってちゃ困ンね、台所へ行ってごらん、米櫃《こめびつ》ごらんよ、米が切れてら、醤油も切れてら、味噌も切れてら、塩も切れてら」（『御慶』柳家小さん集上304ページ）

これは「おッかあ、帰《けえ》ったよ」と亭主に言われるような、長屋のかみさんのことばである。苦餅《くもち》や一夜餅は忌まれたから、正月の餅は二十八日に用意する習慣だ。私なども幼児の時は**アンモ**、そのあとは**オカチン**と言っていたが、回りの男たちは言わなかったようだ。式亭三馬の『浮世風呂』の中でも、古歌を学ぶ生意気な女性に「おかちん」と言わせているが、十返舎一九の『膝栗毛』では、京女のいう「かちん」ということばを北八が知らないという設定になっている。

けり子「イヱモウ、松《まつ》のおもはん事もはづかしでござります。此間ネ、あまりいやしい題《だい》でござりますが、おかちんをあべ川にいたして、去《さ》る所《ところ》でいたゞきましたから、とりあへず一首致《いっしゅいたし》ました」（日本古典文学大系『浮世風呂』221ページ）

北八かちんといふことをしらず「ハアかちんといふはきいたこともねへ。どんな肴《さかな》だの」

吉弥「ヲ、せうし。あもじやわいな」（日本古典文学大系『東海道中膝栗毛』362ページ）

この語、「旧市域の語彙（『東京方言集』）」にも『明治東京風俗語事典』にもあるが、もともとは「搗飯《かちいひ》」から転じた女房詞で、「御湯殿上日記《おゆどののうえの》」にもある上方出自のことばなのである。だが上方では東京より早く消えてしまったらしいことが次の牧村史陽氏の筆によって知られよう。

オカチン（名）……かちん（餅）の小児・婦人語。おもち。

カチン（名）……餅のこと。上方ではすっかり死語になって、かへって東京の方で「オカチン」の名が残ってゐるが、元来は内裏の女房詞であった。（ともに『大阪方言事典』）

○

同じく女房詞からきたオ**カカ**は、東京ではカ**ツブシ**（鰹節）そのものをいうよりも、細《こま》かく削《か》いて青物にかけたり、オシ**タ**ジをかけて御飯にのせて食べる、そんな時にいうことばだ。

「それからと、エエ誰かあのゥ、鰹節《かつぶし》を削《か》け、さっきの、あゝあゝ、それそれ、その鰹節を削いといて、出汁《だし》を取らなくちゃァいけねえ。……じゃァ数の子を塩でもんで、あとでお鰹節《かか》ァかけるから。」（「寄合酒」円生全集別上120ページ）

「……お鮨なンぞをたべないで、おなかがすいたら、鰹節《かつぶし》を削《か》いてあげるから、ご飯《ぜん》をおあがり」

「なんだい、鰹節なんかでめしが食えるかい、猫じゃァねえや」

「生意気なことを言うんじゃないよ。お鰹節《かか》を削《か》いてあげるから、おとなしくおあがり」

（「双蝶々」円生全集五上193ページ）

下手《しもて》にお栄前《えいまへ》に鰹節箱《かつぶしばこ》をおき、鰹節《かつぶし》をかいてゐる、この模様《もやう》、端唄《はうた》の合方《あひかた》にて幕明《まくあ》く。

お咲「もうお鰹節《かゝ》はたいがいにして、お酌《しゃく》をして下さんせいなあ。」（「鋳掛松《いかけまつ》」黙阿弥名作選四152ページ）

「寄合酒」は若い男の、あと二つは女のせりふだが、私どもの回り（東京下町商家）では主に女たちが使っていた。

同様の例をもう一つだけ上げよう。これは卵を注文した男のことばである。

「よせ、こゝ畜生、丸ごとのみこんじまおうッてんじゃねえんだよ、割って醤油《したじ》かなんか落としてのもうッてんだ、あるんだろう?・」（「二人旅」柳家小さん集上28ページ）

醤油を「したじ」ということは、『膝栗毛』にも例がある。

おちよま「モシおかみさんへ、御無心《むしん》ながら、醤油《したぢ》がすこしあらば、どふぞかしておくんなせへ。」（日本古典文学大系『東海道中膝栗毛』25ページ）

松村明「江戸ことば・東京ことば上」にも「したじ」の項があってこの例がひかれているし、「旧市域の語彙」などにも東京語として「オシタジ」の項がある。（私どもは男女ともにオをつけていうのがふつうである。）

ところが前述の『大阪方言事典』にオシタジ、井之口有一・堀井令以知共編『分類京都語辞典』にもオシタジがあるが、上方ではオヒタジと発音するのがふつうらしい。私などがなつかしい東京ことばだと思っていたオ**テ**ショ（小皿）もオ**ミオ**ツケ（味噌汁）もオ**ス**モジ（鮨）もオベベ（着物）も#ハバカリサマ（お世話様！ありがとう！）も#ゴキントサマ（おかたいことで！）もすべて『大阪方言事典』などにあって、いずれも失われてゆく憂き目にあいつつある。こればかりは東京弁のような気のしていたコギタナイ・コキツカウの項さえも『大阪方言事典』にはあるが、勿論アクセントは異なる。「小汚ねえ」などは落語には次のように始終出て来ることばなので、いかにも東京弁らしく聞えるのだが、相当広い分布をもつことばである。円生のものから拾ってみた。

「餓鬼ですか？　えッヘッヘッへ、それァねえ、あっしァ自慢だ、食いもの商売《しょうべえ》ッてやつァ、餓鬼ができた日《し》にゃァこぎたねえからねェ、もう、どこィ行っ

#「はばかりさま」「これは〱はゞかり様（＝恐れ入ります）。お手《て》をいたゞきます（＝お手数をかけます。）」（三馬『浮世風呂』。（　）内は神保五弥《かずや》『新日本古典文学大系』の注）

「ハバカリサン（憚りさん）（名）…御苦労さん。ありがたう。訛って、ババカリサン」（牧村史陽『大阪方言事典』）。単に「こりゃあはばかりだね」「はばかりでございます」のようにも使う。

#「ごきんと（う）さま」『明治東京風俗語事典』には「ごきんとうさま（御均等様）うらみっこなしに。一列一体に。「おかどの多い（おつきあいの多い）のに、こんなものをとどけて下すって、御均等様で……」とある。だが、『大阪方言事典』の「ゴキント」の項に「進物などにすぐ返礼をする場合などの挨拶に〝ごきんとさんで〟といふのは、御ていねいにといふほどの軽い意である。」というほうが適切である。母などは「ごきんとさま・ごきんとさん」は「おかたいことで」ほどの意でよく使っていた。

たって、これだけはあっしァ立派なもんでねェ、餓鬼はまだ一匹もひり出さねえ」

（豆腐屋のせりふ。「小言幸兵衛」円生全集一下13ページ）

「なにを言やンでぇ、この先に小汚え《こぎたね》二間半間口の家《うち》があるが、あいつを借りるんだ、店賃が高《たけ》えことを言やがるとこン畜生め、たたッこわして火ィつけちまうぞ」

（鉄砲鍛冶《かじ》のせりふ。「同」28ページ）

「来るんなら来るように、おッかあにそう言って、なぜあっちの箪笥の引き出しに、着物がいくらも入《へえ》ってるじゃァねえか。それをこぎたねえ身装《なり》をして来やがって、みッともねえじゃねえか」（「文七元結」円生全集四上87ページ）

私どもが使うといっても**コ**。キタネーとは言わず#**コ**。キタナイだが、コ**ギタナ**イというのを聞くと一向に実感がわいてこない。このたぐいは、やはり**コ**キツカウ・**コ**ヤカマシー・**コ**ザッパリのように頭高型に言う方がいかにも東京弁らしい感じがする。それでないと**タンカ**（啖呵）が切れないというものだ。

○

前述の「小言幸兵衛」の鉄砲鍛冶はいかにも屋職《やじょく》らしいたんかの切り方だが、同じ噺に登場する仕立職人はまことに丁寧な物言

#「こぎたない」「こ汚い・こうるさい・こ憎らしい・こむずかしい・こやかましい」や「こざっぱり・こ生意気・こ一時間」は東京の古いアクセントでは頭高型だが、現在は中高型に変りつつある。

いで、それらを仕方咄で使いわけるのが落語ならではの面白みなのである。
もっともこの**コンチクショー**とかベ**ラボーメ**とかいうたんかが切れるのは屋職に限ったことではない。更にまた、勢いよくたんかを切る時にばかり使うわけではない。

「なにょぅいってやがンでえ、べらぼうめェ、そんなものォここを通ンのを見張るんで、へェ駕籠へェ駕籠ッて、つッ立っててンじゃねえや」（「蜘蛛駕籠」柳家小さん集上164ページ）

「箆棒《べらぼう》め、眼位みえなくつたつて女房の一人や半分食はせることは出来るんだ。」せん枝はかういつた。（久保田万太郎「末枯」現代日本文学全集158ページ）

「箆棒《べらぼう》め、イナゴもバッタも同じもんだ。」（夏目漱石「坊つちゃん」右同26ページ）

初めのは威勢がいいが、あとの二つは引かれ者の小唄といった感がある。また小猿七之助のせりふには「むゝ、大べらぼうめ。」（黙阿弥名作選　五31ページ）がある。このベ**ラボーメー**が巻舌でベ**ランメー**に変化したというが、この頃落語を聞いていてもベ**ランメー**には聞こえてこない。但しこのベ**ラボーメ**が江戸下町の職人たちの間でのみ行われるようによく書いてあるが、士族の連中だとて結構使っていたようだ。次の幸田文氏の話にもあるし、事と次第では女たちもたんかが切れたのだ。（氏の父上はいうまでもなく、文豪幸田露伴である。）

「こんちきしょうを重くゆっくりいってみろ、どうなるか」って。それを自在にやりますんです。船頭さんだとか火打石屋さんだとかお米屋さんだとか、店屋さんのテンポと一緒になって。それから縁日でけんかしました。マツバボタン買いましたところが根がないんですの。わたくしが悲しんだもので、父がけんかした。パッパッパッパッパッパッパァーッとびっくりするような剣幕で。向こうが黙っちゃうくらい。怖くなったけど、それでやればとも思いましたよね。だから後に……押売りとやりあうときにその手がそうとうきくんです。（「東京言葉」図書三六五）

幸田露伴の父は幕臣である。また、早稲田の美術史の教授だった安藤更生氏もお家が旗本の出で牛込でお育ちだが、よくベランメー調で話しておられたものである。勇み肌のおあにいさんでなくても、いわゆるベランメーことばは使えたのだ。「べらぼう」ということばはこのほか左のような用法があるが、何れも男のことばで、女が使うとオ**サトガシレル**といわれそうだ。これは若い頃の私にとっていかにも残念なことだった。

「もうべらぼうくせえや、よさァ」（対談「包丁」円生全集一下324ページ）

「何だ、もう引《ひ》けか、べらぼうと寒くなつた」（直次郎のせりふ。「河内山・直侍」（黙阿弥名作選三34ページ）

「あんな面白くもない、不自由ッたらしいところへ行く篦棒《べらぼう》があるもんぢやアござんせん。」（万太郎「春泥」同前230ページ）

このほか、べらぼうやろう・べらぼうらしい……と続くのだから、上方のアホにも匹敵する江戸っ子の好きなことばだったに違いない。

○

エドデナイとかエドジャー・ネーとかいうのは、江戸らしくない、田舎臭い、野暮だということで、万太郎のにも「江戸ぢやアねえ。」（「寂しければ」）などというせりふがある。然し、「ワタシャ江戸っ子で……」などというのはいかにも面はゆくてだろうか、あまりエドッコというのを聞かない。ふつうはエドモンとかトーキョーモンダカラなどというようだ。また「江戸じゃない」と同じような意味で、山の手をノテということがある。着物の柄行《がらゆき》、帯のしめよう、羽織の長さ一つでもノテダネーというように、下町っ子は山の手の野暮ったさを軽蔑したものだ。「のての噺家」ということを円生は言っている。

……芸人でもそういう中心だけしか回らないのと、山の手を回る芸人といたんですよ。「あれはのての噺家だ」なんて言われちゃって、はじめ何のこったろと思ってましたら、「のての噺家」っていうのは「山の手の噺家」ということなんですね。つまり中心にはこられない、一種の二流品《しん》になりさがったっていう意味なんですよ。（「江戸のことば・明治のことば」言語生活二九一号）

そのように江戸者《もん》が嫌いなのは野暮であった。ヤボッタイ・ヤボテン・ヤボガタイ・ヤボヨーなど、趣味にも服装にも物言いにもすべてヤボは軽蔑すべきものなのである。それが下町っ子の心意気なのだろう。
野暮用の例を上げてみよう。
「浮気どころじゃァねえんだよ、野暮用《やぼよう》ですっかりご無沙汰をしたんだ。まァ厭味は抜きにして、さ、いこう」（と盃を取ってさす）（「四宿の屁」円生全集別上237ページ）
「俺も寄りてえんだけども、ちょいとこう野暮用《やぼよう》で急ぎますから……（妙に片づけた調子で）またのご縁と願いやしょう」（桂文楽「酢豆腐」。安藤鶴夫『わが落語鑑賞』より）
「……今日、この近所まで野暮用で来て、ふいとこ、のうちをおもひだしていま一杯やりによつた。」（清元の三味線弾きのことば。万太郎「波しぶき」368ページ。同前）
「今日は野暮用《やぼよう》で千住《せんじゅ》まで。」寺西はこたへた。（万太郎「末枯」160ページ。同前）
「けふはやぼ用でね、おれくちだ」（「オレクチ」の項。永田吉太郎・斎藤秀一「旧市域の語彙」）
右の例で分るように、遊びではない、つまらない用事、つまりやぼな用事をいうわけだ。この例は男性ばかりだが、女も使うことばである。
最後の例のオレクチだが、これは私などが使ってもなかなか相手に通じない。つまりは葬式《おともらい》をいう一種の忌詞だが、山田美妙『日本大辞書』の「己レニ関係スル他人ノ家ニ死人ガアルコト（東京）。」や小峰大羽『東京語辞典』の「関係ある人の死去せるを云ふ。」というあたりが一番当っている。自分の家の時は折れ口とは言わず、「ちょっととりこんどりまして……」などと言う。これもまた誤解されやすい。落語のが今見当らないが、「折れ口」の例を次に上げる。

「急《きふ》に折口《をれくち》があつて行くのだから、早くしておくんなせえ。」

（質屋で羽織を受け出しにきた男のことば。「村井長庵」黙阿弥名作選四36ページ）

「実は、それが、一寸《ちよいと》折口《をれくち》があつたもんで。」……「折口《をれくち》つて何ういふ筋の折口だ。」

（万太郎「末枯」154ページ。同前）

「今日は折れ口で行くんだ」（正岡容『明治東京風俗語事典』）

折れ口といえば、今年（昭和五七年）の夏から秋にかけて、落語界では惜しい人に二人逝かれた。先日も#パンフレットに金原亭馬生師匠の「千両みかん」の発音を引用して、これからまめに噺を聞こうと思っていた矢先のことだった。もうお一方《ひとかた》は寄席ばやしの橘つやさん。昭和五十一年七月に新宿末広亭に伺って寄席の隠語や噺家の名前・出ばやしなどを教えて頂いたことがある。名前や出ばやしのアクセントはなかなかむずかしいもので、その時の録音の中から間違えやすいものを少し紹介してみよう。隠語については同じ頃寄席文字の橘右近氏に伺ったこともあるので、別の機会に合わせて文字化したいと思っている。

まず間違いやすい平板型の名前を上げる。**キンバ**（金馬）・**コカツ**（小勝）・**コサン**（小さん）・**サンペー**（三平）など間違いそうもないものはすべて省略した。

エンウ（円右）・エンカ（円歌）・エンサ（円左）・エンバ（円馬）・ダンシ（談志）・バショー（馬生）・ブンジ（文治）・リューシ（柳枝）
エンユー（円遊）・ショーゾー（正蔵）
エダタロー（枝太郎）・エンタロー（円太郎）・ンマノスケ（馬の助。橘右近氏による。橘つや氏はンマノスケ）・キツノスケ（橘之助）

次は最後の拍が低い中高型である。
エンキョー（円喬）・エンショー（円生）・エンゾー（円蔵）・エンチョー（円朝）・シンショー（志ん生）・リューキョー（柳橋）

「正蔵」は平板型で「円蔵」は中高型でいいんだろうか等と思って二度ばかり発音し直して頂いたのだが、橘つやさん・橘右近さんともに同じアクセントであった。

出囃子（デバヤシ）のほうも思いがけないアクセントにぶつかった。
ブンラクサンワ（文楽）ノザキ（野崎）、……ブンジサンガ（文治）ヤッパシ、ノザキデス。

「野崎」は私はノザキとばかり思っていた。
ミキスケサンワ（三木助）ツクマデス（筑摩）。ツクママツリトユー、アサズマブネ（浅妻船）ニアリマス、ナガウタノ……

これなども文字からだと、チクマとよんでしまうだろう。

エンユーサンカ（円遊）サツマ（薩摩）。

地名の場合は、東京では古くはサツマニユク、新しくは**サツマ**ニユクという。どう考えても余所者《よそもん》には想像のできないアクセントである。これらはうたいだしの節からきているものが多いようだから、文字化をする際には唄い初めのところくらいは知っておかなくてはならないと思ったことだった。

尚、橘つやさんは明治三十一年生まれ、麻布永坂町でお育ち、橘右近さんは明治三十六年生まれ、芝浜松町でお育ち、ともに歯切れのいい江戸弁だった。

初めにも書いたように、東京方言だけに現れる単語というのは数少ない。オッ**コトス**・オッ**コチ**ル・オッ**カナイ**・デ**カイ**・ショッ**カライ**・**マ**ミエ（眉）・**ト**ーナス（かぼちゃ）だとて、東京だけのことばではない。シ**ト**（人）、オ**マイ**（お前）、**デ**ーク（大工）のような訛りもまた、東京だけに限られるわけではない。それでもいかにも江戸弁らしい、東京弁らしいと感じるのは、結局はスピード感のある歯切れのよさにあるだろう。ほどほどに敬語のまじった、都会らしい洗練された言葉遣いにもあるだろう。せめて歌舞伎や落語の世界だけにでも、東京弁の調子の良さを残しておいてもらいたいものである。

＃「落語のことば（5）」（国立劇場演芸場39号、昭和57年9・10月。本書169ページ参照。）

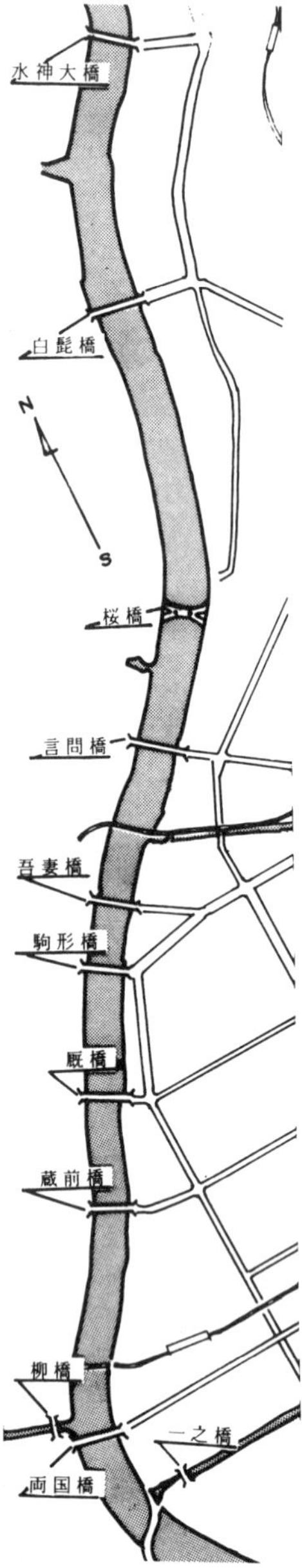

現在の隅田川の橋（更に川下には新大橋・清洲橋・隅田川大橋・永代橋・佃大橋・勝鬨《かちどき》橋・相生橋・春海橋がある）

落語のことばと東京弁

○

この頃若手のはなす古典落語なるものをラジオで聞いていて、しきりに思うことが三つある。この人、このことばを耳から覚えたのだろうか（清濁やアクセントや間《ま》のとり方が江戸ジャア無《ネー》い）。この人、このことばの意味を知ってるんだろうか。これで若いファンに通じるだろうか。

腹がたつからスイッチを切る。そして考える。大体、落語が上方や江戸に舞台を限るから悪いのであって、もっと東北弁や九州弁等々を生き生きと使った新作落語が生まれてもいいのである。Xラジオの月曜Y時は博多弁の、火曜Y時は青森弁の、というようになったら、「ふるさとの訛りなつかし…」といったファンが固定するのではなかろうか。まず手初めに国立劇場あたりで「地域別新作落語」を懸賞募集し、優秀作をこの演芸場（国立劇場演芸場）でその土地出身者に噺してもらう。これはなかなか勇気のいることかもしれないが、東京落語界で東京以外の出身者はほぼ半分、地域も北海道から宮崎まで全県に近い現状（朝日新聞東京本社社会部編『東京人考』による）なのだからもっと居直ってもよいのではなかろうか。そうした気運がそれぞれの地域社会に滲透して「方言落語」が盛んとなったら、こんな嬉しいことはない。今の若手の江戸落語の発音が時折おかしいといっても、所詮、江戸訛・東京訛に合わないだけのことである。然し、伝統落語を江戸前でやろうというなら話は別だ。落語の世界は一般に世襲ではないのだから、自分のことばを習得してから改めて「芸」として覚えてゆかねばならない。自分の育ったことばから抜けだすのはプロとはいえ大変なことだ。今はレコードもテープもビデオもあるから、以前にくらべ随分と楽になった筈である。それでも自分の調べたいことばになかなか出会わないことも多い。ましてことばの意味などは、小型の国語辞典には出ていない。

○

噺の中のアクセントを東京弁でやらなくても苦にならない落語家でも、御自分の名前を聞きつけない、言いつけないアクセントで放送されたらやはり不愉快なことだろう。この頃若いアナウンサーには出身地が東京以外の人も多く、寄席などカゲノゾキもしない人もいるようだ。そこで**エンショー**（円生）・#シンショー（志ん生）・**エンチョー**（円朝）・#リューキョー（柳橋）とまん中を高くいうべきところを**エンチョー**・シンショーのように初めを高く言ったりする。これでは園長・身上（＝財産）のようになってしまう。また、円歌・円馬・談志・馬生・文治・

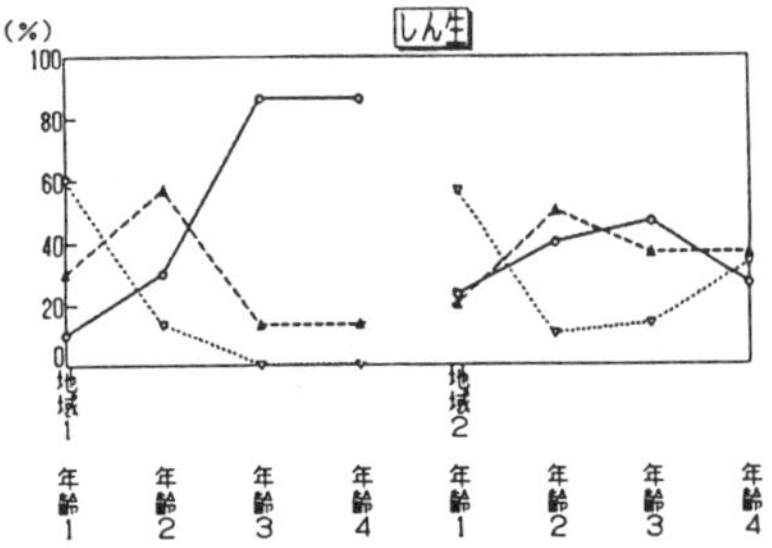

しん生		a + b	c	d
地域1	年齢1	10	30	60
	年齢2	30	56.67	13.33
	年齢3	86.67	13.33	0
	年齢4	56.67	13.33	0
地域2	年齢1	23.34	20	56.67
	年齢2	40	50	10
	年齢3	46.66	36.67	13.33
	年齢4	26.67	36.67	33.33

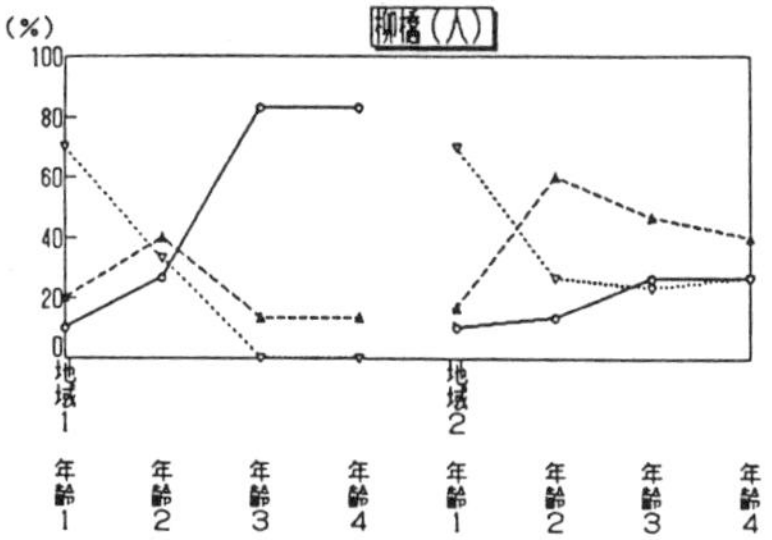

柳橋		a + b	c	d
地域1	年齢1	10	20	70
	年齢2	26.67	40	33.33
	年齢3	83.34	13.33	
	年齢4	83.34	13.33	0
地域2	年齢1	10	16.67	70
	年齢2	13.34	60	70
	年齢3	26.67	46.67	23.33
	年齢4	26.67	40	26.67

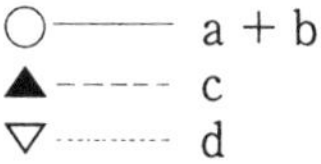

「しん生」と「柳橋」(言葉の馴染み度調査より)

#「しん生・柳橋《りゅうきょう》」早稲田大学秋永研究室の馴染み度調査によると、中・高年層では馴染み度が高く、若年層は低い。また二十三区内は高く、それ以外の首都圏は低い。「言葉の馴染み度と辞書記載アクセント」(『日本語音声』研究成果刊行書『日本語アクセントとイントネーション』平成四・二)。落語などに馴染みのない人は高年層でも頭高型に言うことがあるが、多少でも馴染みのある人は中高型に発音する。略称は、91ページ参照。

柳枝は、バショーのように平らにいうところを、バショーのように初めを高く発音したりする。（もっとも私とても、昔覚えた尻取歌はカッラ・ブンジははなしかで、デンデン・タイコにショーノフエと覚えていた。ブンジというアクセントは下座ばやしの橘つやさん、寄席文字の橘右近さんに伺って初めて知ったものである。）有名な寄席や専門の演芸場のアナウンスではそんなことはないだろうが、大きな劇場で役者名や外題名のアクセントが違うのは始終のことである。御本人はさぞ面白くないことだろうから、「芸名よみ方一覧」でも先ず作ってはどんなものか。

また、どの専門でもその道々の特殊な発音があるもので、今調べて記録しておかなければ間に合わないことが山ほどある。よく使われるコーザ（高座）でさえ、コーザと発音するアナウンサーの居る時代なのである。まして隠語ともなると、シロートには想像もつかないものがある。橘つやさんに伺ったものの中では、ニバン（二番。楽屋の用意ができたしらせ）というアクセントや、修羅場《しゅらば》をヒラバという発音などがその例といえる。

「下足」の下略のゲソは戦後多くの寄席が椅子席にかわってからは使われなくなってしまった。そのためか、小型辞書には「（すし屋などで）いかの足」をいうとしか記されていない。しかし、落語の世界ではごくふつうに現われる。

「おい、履きもんだよ、下足《げそ》だよ」（文楽「鰻の幇間《たいこ》」）・「下足《げそ》を、出してもらう」（文楽

「つるつる」）（ともに安藤鶴夫『わが落語鑑賞』）
「おめえが、下足番《げそばん》…」（円生全集「掛取万歳」）
「方々の楼《うち》で下足札《げそふだ》を撒《ま》いたり」（同「蚊いくさ」）

安藤鶴夫は同じ著書で次のように言う。

げそ〔下足〕下駄。はきもの。明治時代の犯罪者の隠語である。ましてすしをくうのに、下駄、はきものなどという泥坊、香具師《やし》が使っていた隠語などをいい間のふりに使うのはやめたほうがいいようだ。第一、自分のたべるものに対してそんなことをいう神経におどろく。「あと、げそつけてくんない？」などとな。あれはいけません。

だがもはや、「下足」の意味からとも知らず、いかの足とばかり思いこんでいる人たちに、無神経と言ってもいられまい。すし屋で「その、いかの足ちょうだい」と言ったら、かえって笑われそうな世の中となってきた。

○

右の文中のイーマノ・フリも、一般の国語辞書には見当らないことばである。

――それを知らないで、いい間《ま》のふりに、亭主きどりをしている奴の面《つら》がみたいとか…
（久保田万太郎「寂しければ」）

「そのうちに野郎、いい間《ま》のふりをして唄いだしゃァがったんで」（円生全集「洒落小町」）

「若旦那ァ玉《たま》に使って、いい魔の振りをして、てめえたちが遊《あす》んで帰《けえ》って来やがったんだろう」（同「お祭佐七」）

「旧市域の語彙」ではこの語の解釈に「い、気になること」とある。また、刷絵師の北島秀松さんは、「いい間のふりしやがってって、こういうのはね、自分だけよがってるって言うような意味ですよ」と教えてくださった。

死語だ、廃語だといわれている東京方言の中にも、このようにまだまだ生きて使われているものがある。落語にも、そうした東京弁の注が必要な時代になってきたようである。

○

この節の若者ことばに、オバンクサイ・オジンクサイというのがある。オバンの方は牧村史陽編『大阪方言事典』に次のようにある。

オバン〔お婆〕（名）…祖母または老女を指していふ。中流以下の小児などが用ひる語である。

『日本国語大辞典』には「祖母や年寄りの女を親しんで呼ぶ語。おばあさん。」とあって、上司小剣の「鱧の皮」の中から次の例がひかれている。

「死んだおばんが、子供の時からあったと言うてたさかい、余っぽど古いもんやらうな」

（『現代日本文学全集』による）

当世流行語のオバンは、二十《はたち》すぎるともう当てはまるそうで、ずいぶん酷な話だが、これは使う者の年齢によって多少の差があるようだ。一方、オジンの方は以前の辞書類に項目がなく、オバンへの類推からできたことばだろうが、オバンにくらべて使用頻度は低そうだ。『大阪方言事典』にもあるように、いずれも品のよいことばでないこと、現代も同様だろう。今や全国で使われているにしてもいかにも東京弁らしくない。東京の噺家にはたとえ枕にでも使ってほしくないことばの一つであるが、いかがだろう。

○

さて、東京では「目には青葉山ほととぎす初鰹」の時季も過ぎた。この「初鰹」なることば、古くは「はつがつう」とも言っていたようである。

「生《いき》て居《ゐ》る内《うち》に初松魚《はつがつう》で一盃飲《いっぺいのま》せる方《ほう》が、遥《はるか》に功徳《くどく》だと。の、さうだらう。おばさん。」（式亭三馬『浮世風呂』）

明治になってからでも、仮名垣魯文の『西洋道中膝栗毛』に「はつがつう」はあって、正岡容『明治東京風俗語事典』にも「かつう　鰹《かつお》のなまり。「初がつう」」として採られているが、歌舞伎や落語でこの発音を聞いたことがない。黙阿弥物でも左のように専ら「かつを」と振仮名がある。（黙阿弥全集十一「髪結新三」）

新三　勝《かつ》や、当《あた》り鉢《ばち》を出してくれ。

勝奴　何《なに》を買《か》ひなすつた。（ト摺鉢《すりばち》を出す。）
新三　鰹《かつを》を一本《ぽんか》買つた。
新吉　丸《まる》で置《お》かうか、おろしやせうか。
新三　刺身《さしみ》は家《うち》でつくるから、片身《かたみ》おろして置《お》いてくんねえ。
権兵　新《しん》さん、鰹《かつを》はいくらだね。
新三　初鰹《はつがつを》も安《やす》くなりやした、一本《ぽん》三分《ぶ》さ。

黙阿弥の自筆台本に「はつがつを」と振仮名があったかどうかはもはや当るすべもないが、歌舞伎や噺でハツ。カツーの口伝はなかったものだろうか。どなたかに教えて頂きたいものである。

右の引用でも鰹はさしみにするとある。『俚言集覧』にも「鰹は指身指身は鰹　かつをはさしみがよしさしみはかつをがよしと也」とあるように、随分と珍重されたようである。

そういえば「さしみ」といわず、「おさし」という例もある。もともとは女詞だが、次の例は何れも若い男性のせりふである。

「お昼飯《しる》ッてえますが、お菜《かず》はどういうもんでございましょうか」

「お昼《しる》のお菜は判らないが、たしか鮫の煮たんじゃァないかな」

「鮫の煮たの…ははァ…あいつァあんまりうまいもんじゃァありませんなァ、鮫はあたくしは好かないんですが、やはりお刺身はようがすなァ、へえ。お刺身《さし》に酢のものに、お椀をつけて、ちょいッと塩焼かなんかあればよろしいんですがなァ」（円生全集「湯屋番」）

また、居酒屋の若い者弥太のせりふに

弥太「はいはい入口《いりくち》のお二人《ふたり》さん、鮪鍋《まぐなべ》が一枚《まい》に、お刺身《さし》が一人前《にんまえ》出ます」（黙阿弥全集一「宇都谷峠」）

上方では、「おさしみ」より「つくり、おつくり」の方が多く使われるから、「おさし」の例はみられない。もっとも、牧村史陽『大阪方言事典』によれば「鯛のつくりとはいふが、鮒などの場合は、鮒のさしみといふ方が多い。」そうであるから余所者には言い分けがむずかしい。同氏によると、大阪でオツ**ク**リといえば「さしみ」のこと、オツク**リ**といえば「化粧」のこととアクセントで区別がある。東京では「お化粧」のことを#オツ**クリ**というのみであるが、この頃でももう通じないことばだろう。

髪姿を修飾するを江戸にてかく云（『俚言集覧』）

「ふん、男てえものァ女ァ見りゃァ皆ンないいいッてえけども、そりゃァ悪くァないけども、たいしたことァないよ。お化粧《つくり》だよ」

「へえェ、お化粧《つくり》ですかねェ…一体何者《いってえなにもん》なン…？」（円生全集「三軒長屋」）

○

また、お化粧のことをケーケー、オケーケーということもある。山田美妙『日本大辞書』では、「けいけい（第三上）」の項に「東京ノ小児ノ語。化粧。＝ミジマヒ。」とある。この（第三上）とはアクセントのしるしで、第三番目まで高いことを示すものだ。『浮世風呂』の「朝湯《あさゆ》の光景《ありさま》」にも次の例がある。

「ドレ手拭《てのごひ》を見《み》せや。紅《おいろ》を付《つけ》て、化粧《けへく》をして、ヘン、い、業晒《ごうさらし》だぜへ。」（『浮世風呂』）

一方、落語の「つるつる」には「おけえけえ」の例があり、安藤鶴夫の注がある。

「嬢ちゃん、ヘヘヘッ、お湯《ぶう》から上がって、おけえけえができて、おぐしができて、おかわいいなどうも」（桂文楽「つるつる」）

「おけえけえ　化粧のことを、若い女の子の表現で、上に、おの字をつけたところがあざやかである。」（ともに安藤鶴夫『わが落語鑑賞』より）

「浮世風呂」の例に出てくる「おいろ」も、もともとは「紅《べに》」をいう女房詞だが、これについては幸田文氏の談話が忘れられない。

＃「おつくり」　長谷川時雨『旧聞日本橋』の以下の例は、「化粧」ではなく「扮装」の意である。「あたしは鹿の子絞りの紐を首の後《うしろ》でチヨキンと結んで、……てもなくでく人形のおつくりである。」「一番若い下の娘だけが廿二三でもあつたのだらうが、一体に黒つぽいおつくりの時代で……」「……その時分の扮装《おつくり》が黒つぽかつたので……」

「わたくしが片づいた先は酒問屋でございました。そこのおばあさんは、東京の人なんですけど、ゆっくりした、それでいて歯切れも悪くない、上方も少し入っている、サラサラーッとなだらかな言葉でした。これが商人の言葉かってわたくし思いましたけど、父（筆者注、幸田露伴）は昔のなごりの残っているものの言い方だ、といっていました。たった一つ、それで憶えてますのは、わたし、お化粧を上手じゃないんですの。おおぜいのお得意さんをお接待するときなどには、姑としては嫁どもにきれいにしてもらいたいので、化粧下手で、モッサリしている私が気になるのでしょう、紅をもってきて、「文子さんや、もうスコーシお色をさしたらどうかしら」って。逃げ回りましたけど、柔らかァーく言うその言い方。」

（「〈座談会〉東京言葉」「図書」三六五号　昭和55・1）

もう一つ、「化粧」のことをオシマイというのがあり、私なども母たちから「早くおしまいをしといで」などと言われたものである。私の感覚では、同じ化粧のことといっても、オツクリとオシマイではことばの使い方に差があって、前者は髪かたちなども入念にするかんじ、後者は身仕舞に気をつける程度のあっさりとしたかんじであった。「終り」の意のオシマイニスルとはアクセントが違うこと、言うまでもない。では「おしまいちゃんちゃん」。

○

毎日うっとうしい陽気が続く。「洗い物も乾きゃしないし、本当にウンジョーしちゃう。入梅、いつ明けるのかねえ。」などと、以前は話していたものである。志ん生のなめくじ横丁の話の中でも、つゆとはいわずニューバイと言っていたが、私どもにはごく当り前のことばなのでメモをとらないでしまった。谷崎潤一郎の「異端者の悲しみ」の中にも、次のような例がみられる。(『現代日本文学全集』による)

降りつゞいた入梅の空が、夕方から綺麗に晴れて、……

何しろ彼《あ》の容態ぢやあ入梅明けまで持つかどうだか分らねえつて、医者がさう云つて居る位なんだから……

これは潤一郎三十二歳の作、彼が震災で関西に移り住むより六年前のものである。この「入梅」ということばは、「降りつゞいた入梅の空」「入梅明けまで」という表現からも分るように、「梅雨《つゆ》」にはいることを意味するのではなく、「梅雨《つゆ》」そのものを指している。だから、「入梅が明ける」といっても、「入梅にはいる」といっても別におかしくないわけだ。大ざっぱにいうと東北から関東、長野・愛知あたりまでが「入梅」方言圏で、北陸・近畿・中国・北九州・北四国が「つゆ」方言圏、四国と九州の大部分が「ながせ」方言圏である。方言学者柴田武氏によると、これは梅雨期の降水量と関係があるそうで、「入梅・つゆ・ながせ」の順に雨量が多くなるそうである。(『生きている方言』による)

この、東日本を席巻した「入梅(=つゆ)」のことばも共通語の「つゆ」に押されて、次第に影が薄くなりつつある。今日の新聞の「天気」の欄にも、「関東甲信の梅雨入り平均日は六月九日で、今年も間もなく入梅すると思われる。」（朝日新聞六月七日夕刊）とある。この「入梅する」は「つゆ入りする」ことをさしているが、関東者にはピンと来ないことばで八ッツァン・熊サンには言ってほしくない。もっともテレビ・ラジオでは「入梅する」といわないようで「つゆ入り」がふつうのようだ。つまり、左の上段のように統一されつつある。但し、下段の「梅雨《ばいう》」ということばは気象用語で日常語ではない。

つゆ入り＝入梅
つゆ・つゆ時＝入梅・（梅雨《ばいう》）
つゆあけ＝入梅があける
つゆ・つゆの雨＝（梅雨《ばいう》）

つゆ時に降る雨も「つゆ」という使い方があるようだが、私はそこまでは妥協できず、むしろ「さみだれ」の方が好ましい。とはいえ「さみだれ」はいかにも雅語で、「今日のさみだれは降りが強いねえ」などといったら正に落語である。それなのに「さみだれ式」とか「さみだれスト」などという複合語をつくるのだからおかしな話である。

○

芭蕉に「五月雨《さみだれ》をあつめて早し最上川」の句があるが、この頃《ころ》は**オーカワ**の水かさも増し、流れが早くなる。

飯島友治氏は「隅田川も昔は、川の近くの人は皆ンな大川と呼んで、隅田川なんていうと『あいつは土手組・のて組（山の手の者＝田舎者）だ』と馬鹿にされたものですね。」（「円生全集」五）と書かれたが、今でも私どもはオーカワといって隅田川などとは言わない。祖父が晩年の頃、腹立ちまぎれに「大川に蓋はない」とどなったことがあると母に聞いたことがある。私はその折、「何とまあ年寄のいやがらせ」と受け取ったが、後になって落語の「紺屋高尾」にもある、一種の慣用句であることに気がついた。

「どうせ自分《てめえ》でかせいだ銭が使えねんなら、生きてたってしょうがありません、へえ（涙ぐんで）威勢よく死にます。」

「あ、、その方がいい、昔から死ぬと言ったやつに死んだためしはねえッてから、大川に蓋はねえから、立派に跳び込んでこい」

「大川まで行くのはめんどくせえ、裏の井戸へ跳び込む」（「円生全集」五）

このことば、いつ頃から使われたものだろうか、まだ調べがつかない。

戦前までの東京人の言語生活は、歌舞伎や新派や落語の世界が下地となっていたといってよい。私なども若い頃はそのやりとりの俗っぽさにそっぽを向いていたものだが、歌舞伎を知らなければ落語も分らない、どちらも知らなければ漱石も万太郎も理解できないというものだ。

そういえば、初めに書いた「ウンジョースル」ということばも、この頃はあまり聞かれなくなってきた。久保田万太郎「寂しければ」の中には次のような例がある。

「店からかへりますと、もう、子供の相手でございまして……」

「あゝ、なるほど……」

「運上《うんじやう》し切つてをります。」(『現代日本文学全集』)

また、永田吉太郎・斎藤秀一「旧市域の語彙」の中にも左の例がある。

ウンジョースル　根気が尽きる。いや気を催す。「子供ばかり多くて、もう温醸し切って居ります。」

私の語感では、ほとほと困って、疲れて、いやになって、どうしてよいか分らないような時に使うことばである。

○

前述の「おしまいちゃんちゃん」も、大きな辞書をひいても出てこないが、東京ではふつうに使うことばだ(った)。例えば落語「富久」にもこんな例がみられる。

「こりゃァどうもありがとうございました。(つぐ)いえ、ただいま二杯目をいただきましたから。へえ、もう、これでもうお仕舞《しまい》ちゃんちゃんに。(飲む)お菊さん、すみませんねえ、そのご酒《しゅ》を奥へやッといていただきます、」(桂文楽「富久」)

安藤鶴夫は右の「富久」に次のような語釈を付けている。

おしまいちゃんちゃん〔お仕舞ちゃんちゃん〕　ちゃんちゃんはものごとの規則ただしいさま。ものごとの秩序よくととのうさま。つまり、ちゃんと、とか、きちんと、とかいう意味だから、はい、これできれいにおしまい、という意。（「富久」とともに『わが落語鑑賞』より）

私などは、小さい子に食べ物をもっともっととねだられた時に、「ネッキリ・ハッキリ・コレッキリ、これでもうオシマイチャンチャンよ」というふうに使う。

または、幼な児に添い寝の昔話のおしまいに、「もうこれでオシマイチャーンチャン！」のように。辞書にないのは「おしまい」と「ちゃんちゃん」が別々に出ているから理解できるということだろう。「ちゃんちゃん」は「おしまい」のことをいう幼児語で、東京に限らず各地で使われていることばであるが、東京ではオシマイチャンチャンまたはオシマイチャンチャンと続けて使うのがふつうである。

○

そう言えば「ネッキリ・ハッキリ・コレッキリ」もこの節聞くことが少なくなった。言うまでもなく「根切り葉切り是切り」の変化した語で、これでもうすっかり無くなってしまった、すっかりおしまいだ、というような時に使うものだ。

「もう一番。もう一番だけ。あとねだりはしねえ。ねっきりはっきり――」（宇野信夫『大部屋役者』）

また『日本国語大辞典』には次のような例がある。

「これでまづ牛の屎一件はねっきりはっきりだ」（滑稽本「大山道中膝栗毛」初・上）

「イヤサ実にこんやで根《ね》っきり葉《は》っ切《き》りほんとうにこれぎりこれぎり扨おてうしもおつもりダ」（仮名垣魯文「安愚楽鍋」初）

ネッキリ・ハッキリと私どもが言う時に「根切り葉切り」の語源意識など毛頭ない。

あとの例のオツモリはどうだろうか。辞書類をひくと、次のように大体が納盃の意味である。

「つもり（積）」を丁寧にいう語。特に、酒宴などで、その盃かぎりでおしまいにすること。

また、その盃。御納盃。（『日本国語大辞典』）

「つもり」の丁寧語。その盃きりで終りとすること。納盃。（前田勇編『江戸語大辞典』）

酒席で、その杯限りで終わりとすることを「おつもり」という。これは「つもり」の丁寧語。（松村明『江戸ことば・東京ことば』下）

大分酒を飲み、それでおしまいになるという、最後の酌。おしまい。「もう――だ・――にする」（『新明解国語辞典』第四版）

酒の席で、酒を飲むことをやめること。おしまい。「――にする」（『三省堂国語辞典』第四

版）

落語の中でもこの意味で使っているものが殆どだろう。北村一夫『落語古典語典』には同様の解釈で次の例があげられている。（「角」は角川文庫「古典落語」の意）

「このへんでまあ、ひとつおつもりにしようじゃねえか」（「三軒長屋」角3）

だが次の例はどうだろうか。

「熱いねェどうも、むゥうゥ、あとをつけとけあとを酒ェ（と、あごをしゃくる）……なにをぼんやりしてるんだおい、早くつけろよ、なに？もうない？もうないッてどうしたんだ、あァ、のんじゃったのか、なんだ、それじゃァおつもりだろうこの酒ァ、せっかくのものをこんなにしちまやがって、だらしのねえ野郎じゃァねェか（のんで）しかしうまいね、あいい酒はやッぱりいいけども、ただもったいないてんだ、こう熱くしちまっちゃァ、なァ、おつもりかいこれで、え？おォ、留さん、どうだい、無冠《むかん》の太夫《たいう》おつもり（敦盛《あつもり》）てえなあ、はッはッはッは、」（円生全集一「一人酒盛」）

袖口にちょいと手をひっこめて熱燗の湯呑みをもつ円生のしぐさが目に浮かぶようだ。

初めの「おつもり」は「一人酒盛」のおしまいの酒ととってもよい。だがあとのは、みやげに貰った五合《ごんごう》の酒が全くおしまいになってしまった、飲みたくて仕方ないのに酒そのものが最後の助、ネッキリハッキリこれっきりなのである。前にあげた「安愚楽鍋」の例も同じで、「おてうしもおつもりダ」というのは、お銚子の中がもはやすっかりからっぽだということである。
もう一つの例をみて頂こう。久保田万太郎の「大寺学校」の幕切れの場面、校長が飲みながら光長先生を相手に浄瑠璃を語っている。

校長　いけない。—久しくやらなかつたからまるで声が出ない…（銚子をとつてつぐ。—出ない）何だ、おつもりか……

光長　先生、とつて来ます。—わたくしがとつて来ます。（すぐ立上る）

校長　すまない。—君を煩《わづら》はしちやアすまないが……

光長　そんなこと。—そんなこたア……

校長　鼠入らずの横んとこ。—米櫃《こめびつ》のそばの—そこにさがみやの徳利が置いてある……

光長　分ります。—分ります……（ふらくしながら台所へ行く）

間

光長　（声だけ）やア、これは。—ありません、先生……

校長　ない？（ふり向く）

光長　此方ももうおつもりで……

校長　そんなわけはないが……（立ちかける）

光長　よろしい。—いゝえ、よろしい。—すぐに行つて来ます……

校長　どこへ？
光長　さがみやへ行つて、一升すぐ持つて来るやうに申しつけて来ます。
これでは到底御納盃というわけにはいかないではないか。つまり東京では、お銚子であれトックリであれ、酒が容器の中になくなることを、も、オツモリというのである。これは既に「旧市域の語彙」にもあり、私自身一般の辞書をみるまで、それが特殊な用法とは思ってもいなかった。

オツモリ　酒が銚子になくなること（永田吉太郎・斎藤秀一「旧市域の語彙」）

○

また「お」のついていないツモリや動詞ツモルの場合でも、次のような使い方はもはや耳遠いものとなってしまった。
「ツモリにもしれている」
お花「其身の楽を思ふなら、そりや圍《かこ》ひものにもならうけれど、現在おまへの持《もち》ものと、ちつとは浮名も立てられて、のろけの一つもいふ程になつたわたしが今となり、何で外へ行かれるものかね、大抵《たいてい》積りにも知れてゐる。」（「盲長屋梅加賀鳶」黙阿弥名作選四）
同じようなせりふが落語の「髪結新三」の中にもある。弥太五郎源七が新三にかけあうところだが、黙阿弥の原作にはこのせりふはみられない。

「これこれ、新三、おい…そんなおめえ、馬鹿なことを言っちゃァいけねえ、え、?なァ、新材木町の居付地主《いつきじぬし》のお嬢さまを、おめえの女房にして、いいか悪いか、つもりにしたって判ってるン。」（円生全集五「髪結新三」）

もう少し前の『浮世風呂』にも例がある。勘平が定九郎を打殺した時の話だ。

「最《も》う疾《とつく》に死《し》んだ跡《あと》をくすりはなきか、何《なん》の角《か》のと探《さぐ》り廻《まは》るが、鉄砲《てつぽう》で打殺《うちころ》した物《もの》が薬位《くすりくらい》で届《とゞ》くものじやァないはな。つもりにもしれたもんだ。」（「浮世風呂」二下（新日本古典文学大系））

ツモリ　推量。「つもりにもしてごらん」（永田吉太郎・斎藤秀一「旧市域の語彙」）

前の三例とも、「推量する・推察する・想像する」といった解釈でよかろう。すべて「つもりにも（―にしたって）しれて（わかって）いる」という形だが、これは動詞の場合でも、似たようなものなのである。

「およしよ、そんなことを訊くのは、つもってもお前わかりそうなもんじゃァないか」（桂文楽「心眼」）

つもっても　つもるは思い計る。推量するということ。「おう、つもってもみねえ、お前《めえ》と別れられるわけアねえじゃァねえか」などといった。いまは、あんまり、いわなくなった（「心眼」とともに、安藤鶴夫『わが落語鑑賞』より）

正岡容『明治東京風俗語事典』にも項目がある。

つもる〔測る〕　計量する。測定する。推察する。「そんなこと、はじめからつもっても知れそうなものじゃねえか」「つもっても見るがいい」などという。

この使い方、名詞の方は年寄から聞いたことがあるが、動詞はとんと覚えがない。「ちょいとつもってみて（＝見つもりして）ごらん。薄いとこはまじくなっとけばいい」。ほどき物を膝に、と見こう見する年寄の姿を思い出すばかりである。

〇

この「まじくなう」ということばも、もはやあまり聞かれなくなった。明治生まれの母やおばたちは「ちょいとそこ、まじくなっといて！」などとよくいっていたものである。山田美妙の『日本大辞書』や「旧市域の語彙」にはマ**ジクナ**ウのアクセントで「ごまかす」とのみ解があるが、ただ単に「ごまかす」というのでは当たらない。『大言海』に「マギラカシ、取リックロフ。オホヨソ、カリソメニ物ス。イイクラヰニシテオク。糊塗」とある方がまだ近い。そのほかに「まじないをする」「ちょろまかす」などの意があるそうだが、私はそんな使い方を聞いたことがない。久保田万太郎の次の例も「表面をまぎらかしてとりつくろう・言いつくろう、ちょっとうわべをごまかしてとりつくろっておく」の解釈で意味が通ることだろう。

「……生憎《あいにく》、家内のところに細かいのがなかつたもので、岩さん、すまないけれど、五十銭あつたら貸してくれないか。——と、まア、何の気なしにいふと、病人、五十銭はおいて、嫂《ねえ》さん、十銭のお銭《あし》もわたしは持つてゐない。——狼狽《あわ》てた風でさういつたさうでございます。」

「……」

「とんだことをいつた。——うつかりしたことをいつて病人によけいな肩身の狭い思ひをさせた。——さう思つて、なアにいゝんですよ、此方のをくづせばあるんだから。——まじくなつてそれはすみました。……」(「寂しければ」)

〃なるほど、あの手紙の返事は書きにくからう。もツともだ。論文があつちやア可哀想だ。よし、何んとかまじくなつといてやらう。……(「市井人」)

こんなことばは落語の中では当り前のことばだらう。

○

先日テレビで「金原亭馬生ショウ」なるものを見た。「**キンゲンテー**・バ**ショー**でございます」と昭和三年東京生まれの御本人が発音された。そのあとの「千両みかん」というはなしでは、次のような十数枚の発音カードがとれてうれしかった。

ド**ヨー**デスよ(土用)、**オーダン**(ナ)サン(大旦那さん)、フ**トク**・ミジカク(太く短かく)、トッ**プサ**(十房)、ミッ**プサ**デ・**サン**ビャクリョー(三房で三百両)、ミッ**プサノ**ミカン……

「土用・大旦那さん・短かく・三百両」の発音は珍しくはないが、ふつう「トフサ・ミフサ」というところを「トップサ・ミップサ」と発音されたのはいかにも古めかしく聞こえた。ヒトフサ・フタフサ・イツフサ・ナナフサと四拍だから、ミップサ・ヨップサ・ヤップサ・トップサとなるのだろう、サの前でフがかすれてしまうから、よけいつまる音になるのだろう、などと思ったことだ。今の若い人だったら「房」などつけず、一つ・二つ…ですましてしまう。また、ミジカクはミジカク、サンビャクリョーはサンビャクリョーのように発音する若者が多くなったが、若手の落語家はどうだろうか。

それにしても数の数え方はむずかしい。忠臣蔵の「判官切腹」で「クスンゴブ（九寸五分）」が出てくるが、あれに「きゅうすんごぶ」のふりがなをつけた校正者がいる。御丁寧に「注が必要、28・5センチメートル」とあるのには仰天した。

そうかと思うと、黙阿弥の名作「四千両《しせんりょう》（小判梅葉《こばんのうめのは》）」を「よんせんりょう」と発音する人もいる。脚本の中にもちゃんと次のようなルビがあるのに。

「これ、藤十郎、去年《きょねん》三月七日の夜賊にはひつた覚えがあらうな、いやさ、御公儀《ごこうぎ》の御金蔵へ忍び入り、金四千両《しせんりやう》盗みしは、われに相違あるまいな、速かに申し上げてしまへ。」（黙阿弥名作選五）

#「し（四）」を「よん・よ」、「しち（七）」を「なな」ということがこの頃多くなった。特に

放送で、シャシチは間違い易いということから、それが目立つのは残念である。シジューエンもヨンジューエン（若い人はヨンジューエン）、シジューダイもヨンジューダイ（若い人はヨンジューダイ）になりつつあるが、落語の方は大丈夫だろうか。「付き馬」の例をひいてみよう。

「どうだい四十円《しじゅうえん》ね？それだけ君に渡すが……」

「もう少しねぇ、奮発したいと思ったんだが、まァとにかくそれで辛抱おしよ、ね？四十円《しじゅうえん》。君に渡すから、それから立替えを引いて……」（円生全集一下「付き馬」）

「四分の一」は数学ならヨンブンノイチがふつうだろうが、「四分板」「四分一」「四分六」はシブイタ・シブイチ・シブロクである。銅が三、銀が一の割合の合金を「四分一《しぶいち》」とも「四分一拵《ごしら》え」ともいい、正岡容『明治東京風俗語事典』によれば落語「錦明竹《きんめいちく》」の「お道具七品」のいい立てにも出てくるそうだ。ここでは「梅若礼三郎」の例をひいておこう。

「むこうから来たのが、年若《としわか》のおさむらいですが、黒羅紗《くろらしゃ》の頭巾《ずきん》で、黒羽二重《くろはぶたえ》の対服《ついふく》に、茶《ちゃ》苧《う》の袴をはきまして、白足袋《しろたび》に雪駄《せった》ばき、四分一《しぶいち》ごしらえの、り…ッぱな大小刀《だいしょう》」（円生全集一下「梅若礼三郎」）

#「四《し》」　今ヨンケンとしかいわない「四軒」にも以下のような例がある。「まァ四軒《しけん》、五軒、多いときは六軒ぐらい、」（円生全集一下「庖丁」）、「四《し》軒目に住んで居りますから、」（三遊亭円朝集「真景累ケ淵」）

このように日常語でないものの読みはなおのことむずかしい。私どもはふだん「一万《いちまん》、二万《にまん》、三万《さんまん》、四万《よんまん》…」と言っているから、次の例も「四万六千日《しまんろくせんにち》」の意と気付かなければ正しくは読めないだろう。

たみ　五重《ぢう》の塔《たふ》の見《み》える所《ところ》が、賑《にぎ》やかな観音《くわんのん》さまだね。

すが　民《たみ》の方《はう》では四万《しまん》には、みんな踊《をど》りに来《く》るだらうの。（黙阿弥全集十九「盲長屋梅加賀鳶」）

ひょっとすると#「四万六千日《しまんろくせんにち》」も現代っ子には危ないかもしれない。私などは、お茶湯日《ちゃとうび》・ほおずき市・四万六千日・羽子板市と、何かにつけて母につれられポンポン蒸気で浅草へ通ったものだ。**シマンロクセン**ニチ・シマンロクセンニチ、両様のアクセントがあることも調べてあったが、馬生師匠はいつぞや**シマ**ンロクセンニチサマと「様《さま》」をつけて噺《はなし》をされた。「様」をつける、成る程と思ったことだ。

○

だが、何でも古くは「シ」だというわけではない。四代目はヨ**ダイメ**、七代目はシ**チダイメ**、九代目はク**ダイメ**だから聞いて覚えるより手がない。歌舞伎の世界では大正頃から、初代を一世《いっせい》、

#「四万六千日」　七月九日から十日の、四万六千日の日に観音様に参稽すると、四万六千日分の功徳があるとされる日。浅草観音では、この日ほおずき市が立ってにぎわう。用例のように略して「四万」ともいう。

二代目・三代目を二世《にせい》・三世《さんせい》と書くことが多くなった。これは坪内逍遥が「リチャード二世《にせい》・三世《さんせい》」などの翻訳をしてから使い出し、弟子たちによって弘まったという鳥越文蔵説があるが、噺家の世界にまで流行しなかったのは幸いだった。「**ニセイ・サンセイ**」などは君主・法王・移民の場合に限定してもらいたいものだ。

「一世・二世・三世」と書いてあると、以前ならば「親子はイッ**セ**、夫婦は**ニセ**、主従は**サンゼ**」と相場がきまっていた。**ニセオチカウ**、**サンゼノチギリ**のように。この頃は**イ**ッセ・**ニ**セ・**サンゼ**というアクセントも出てきたが、「**サンゼソー**（三世-相）」を「**サンセソー**（三-世相）」と読む人も多くなろう。

花道の「**シチサン**（七三）」は三階席から見えるように、この頃だいぶ本舞台に近くなったが、江戸幕末までは揚幕から三分、舞台付け際から七分だったそうだから、七三の割が逆転したわけだ。この語、落語では#シッ**ツァン**の発音があらわれる。

「あの薙刀《なぎなた》持って、揚げ幕からね、とんとんとんッて出てきたでしょ？あの七三《しッつアン》のとこでね、とオんときまって見得ンなったときにね、」（八代目桂文楽「つるつる」）

「提灯からすうっと尾を曳《ひ》いたようになって幽霊が出て、そうして、手が七三《しッつアン》のところへいって（と、おなじように手首

#「七《しっ》……」「七百石」はシッチャッコクと発音すること、36ページ参照。

をたらして）うらめしいィ――というのが、」（三代目桂三木助「へッつい幽霊」。「つるつる」とともに『わが落語鑑賞』より）

後者の「七三」は頭から七分、足元から三分の、オバケーッというあたりをいうのだろう。八二《はちにい》とか六四《ろくよん》とかいうことばはないが、そんな恰好じゃあサマにならないという、噺のしぐさが目に浮かぶ。「年のころは**ニ**ジュー・シッパチ（二十七八）」などとつめていうのも講釈や落語ではごく当り前の言い方だ。

だが、これからの落語界には日本国中の若者が入ってくる。今のうちに師匠たちが数の数え方の発音一覧表でもつくってテープにいれておかないことには、江戸落語はその面影を失なってしまうのではあるまいか。

「下座ばやし　橘つや女」聞書

○

昭和五十一年七月三十一日、私は新宿末広亭に橘つや氏をおたずねした。東京語の発音をうかがうことと、寄席の世界独特のアクセントを調べさせていただくことが目的だった。

氏は明治三十一年十月四日に麻布永坂町の茶道具屋さんの一人娘としてお生まれで、麻布小学校から前の府立第三高女を卒業され、二十歳までそこで過ごされた。御両親もおじい様も麻布、おばあ様もそのお近くの出身だそうであるから、生粋の東京っ子というわけである。氏は昨年（五十七年）、七月十七日に八十四歳でなくなられたが、お話をうかがった時は七十九歳、まだ矍鑠としておられ、こちらの面白くもない質問にも御親切に答えてくださった。そのお話の一部を紹介することになったが、その調子を再現するために次のような方法をとった。読みやすさを考え漢字平仮名まじりでかくが、発音を示したい部分はカタカナとし、そこにアクセントを付けた。また、若い読者層のことを考え、時に（　）内に補足や注をつけ理解の助けとした。

寄席の用語や噺家の名前、出囃子の曲名などのアクセントは、今のうちに記録しておかないと、めちゃめちゃになってしまいそうである。テープを皆さんにお届けするかわりと思っていただけたら幸である。

○

——橘さんはこういう下座囃子の世界に何時頃お入りになりましたか？

T　はい、もう早くって、はたちの時にです。シタゴシラエワネ。はたちまでにもう、自分も結婚して、死なれて、子どもかかえて。

——はたち頃というと、その前に下座囃子を……

T　イエ、あの、やらないんです。その時分はね、え、、ただ（神田の立花亭に）入りましてもまだ若いですからね、でその時ァみんな、いらしった方がみんなおとしよりの方で、もう五十から……その時分の五十の人はもういいかげんのおばあちゃんでさね、みんな。女の方ばっかりですから。その方たちのそばへくっついてやったんですが、ハナワ　お三味線よかもまだ若いから、あの、木戸の方《ほ》へね、行ってもらいたいなんていってね。

——木戸っていうのは、どういうことを？

T　木戸と言うのは、まあ、今でいう、なんてんでしょうかね、切符売りのとこですよ。へー、あれをキドと申します、その時代には。……オキャクサマノ　オアイシライ（＝応待）、つまり言うと、お客様へ切符渡すんですね、今とおんなじです。テケッ（＝切符）でないわけです。座って、え、、座布団の上へ座って、前に　コーシャクダイといってお分りか分りませんけど、講釈台みたいなもの置きまして、ソイデ　そこに札《ふだ》がありまして、イノイチダトカニダトカ書いてあッ。お客の順にそれを渡すんです。それはお婆さんよか若いもんのほがまあいいんで、その役にマーサレマシテ、それを約二年ぐらいやりましたかね。……それからナカイリッテノございますよ、寄席には。ナカイリトなりますと、木戸というのはオシマインナルわけです。シメルわけです。表はしめませんが、その、札《ふだ》の置き場はなくなるわけ。そうするとアタクシノ用がありませんで、楽屋へ入るわけなン。それから楽屋へ入る。何人かの方の、え、、まあ、お茶なり何なりね、出して、そいでそのそばに、ほら芸をやってなさる方がありますから、イットワナシニ耳に入ったと言うわけで。それが約二年ぐらいありまして、サンネンメニやっと本番なったわけです。本番たって、すぐはね、なれませんけど……

——そうすると幾つぐらいのものをお覚えになるわけでございますか？

T　ヤ、イークツニモナンニモ、カズカ。キリアリマセン、これは。もうびっくりするほどです。そいであたくしも小さいうちから、一人っ子ですから三味線だの、踊り、まあ中年になってからは琴もやりましたし。一人娘ってものはムカシャ（昔は）ま、あらゆる芸をしこまれて。小僧の一人も使ってましたから、その中で育ちましたから、そいでほら父親が戦死で、早く母親ゴケデ（後家）やりましたから。もう何事なく娘にばっかし、ま、かけたわけね。え、それで、ま、早く人が婿もらっちゃあなきゃいけないってんで、婿もらったのが失敗のもと。で、四つぐらいから、だからケーコッパイリ（稽古入り）したわけですよ、昔はね。稽古をね行ったの四つぐらいからです。何のお稽古でもイヤイヤナガラコゾーに送られてっちゃあまたカイッテ。え、、一人娘で、昔のお芝居でやる通りですよ。小僧がついてねえ、あれをさんざんやってきたんですよ。

○

——寄席の用語というのをちょっと教えて頂きたいのですが。これは『演劇百科大事典』というのからとったんですが……（執筆興津要氏）。「上《あが》る」とか「あさい」とかというのは？

T　コーザニもう出たとこを　ア。カルンデスネ。ア。カリテート三味線の低いやつです。（入場料の「上がり」はここではでてこなかった。）アサイッテノ、まあ早くあがることをアサイと申しますね。つまり言うと、ゼンザサンだとか、大きいシンウチが出ないで、あさいとこあがるという。アサイ、フカイと言います。ナカイリカラ　あとにあがるような人ぁ、ま、いい人なんだと、そういうことなんですよ、これは。

――「あし」っていうのは何か短く……

T　そうです。アシにやってくれと……アシジャ（足）ないすよ。この「足」じゃないですよ、アシにやってくれって。発音が違うとおかしいですよ。

――「板付き」っていうのは？

T　イタツキテノア、あのコーザに幕がありますね、あれの上がる時、もう座って待ってることを、それを申しますね。

――一番太鼓のことを…

T　イチバンテ言います。

――一枚看板は？

T　イチマイカンバン…　え、看板まで言って。それは看板はシトリのオッショサンデ大きい方《かた》を申しますね。つまり、こう名札があります。三人並んでんのと一人大きく並んでんのと、そこに食い違いがある。一人です。一枚看板、一枚へ看板かいてある。

――「いれこみ」と「つっかけ」と同じものですか？

T　あのね、イレコミッテいいますとね、一番太鼓が入ってお客がこう入ることね。お客がどんどん入ることをツッカケ。あ、お客がツッカケタナッテ　言うのはどんどん入ること。ハイッチャッタンジャャナクテ　どんどん入ってくること。……ツッカケテキタネッテ、こういうこた言いますね。
——「色物」というのは？
T　イロモノというのは、ほら、キョクゲーだとか、あるでしょ、カミキリダトカ、あの三味線のことを色物と……
——「杉戸」にかける幕は？
T　ウシロマクと申します。大きい小さいはありますね。スキドデないんです、今はねえ。昔はみんなほんとの杉戸だったですけど、今は、ま、スズモトサンアタリは杉戸にしましたけど、こちらも古いからなってるけど、今、ハリカ（張りが）多いんですよ（残念でしかたのない御様子！）。
——「追出し」というのは？
T　オイダシテナー、シマインナッテ、アリカトーゴザイマース！ドンドンッテ打つやつ、おいだしです。
——かっぽれやなんかを？
T　いえ、ソジャナク、追出しの太鼓のこと言うんでしょ。
——太鼓だけでございますか、何か賑やかなものを？
T　うーん、そらね、追出しって言いますけど、追出しとくるとやっぱし太鼓ですよ、えゝ。

——「顔付け」というのは？

Ｔ　今やってましたけれども。……セキテーサント（席亭さんと）、ま、ある一方の大将と、それが寄り合って、今二人いましたのはあれは番頭さんですね、…今事務員と申しますね。それがみんな寄って、この人ぁここへやるとかあすこへやるとかと、こういうことをね言って、お互いにコシラエルワケなんですね。……カオズケッテノァ、一番むずかしいんです。

——「風」、扇子のことを今でも「風」と……

Ｔ　え、カゼト申しますね。……あの、ナンデスヨ、侍のカタナトおんなじですから忘れることはありませんやね。カゼトッテクレとこういうふうに……

○

（このあと#「数」の符丁を教わった。）

「一」ヘー　「二」ビキ　「三」ヤマ　「四」ササキ　「五」カタコ　「六」サナダ（真田のロクモンセンから）「七」タヌマ（筆者はタヌマとばかり思っていた。）「八」ヤータ（「八幡のやぶしらず」からだが、聞き直すとヤワタと発音された。橘右近氏もヤータと言われたから、普通にはヤータ、意識して丁寧に発

#「数の符丁」楳垣実『隠語辞典』末尾に「数の符牒一覧表」がある。寄席の符牒は理髪師のと同じで、本文からその語源を記しておく。一（へい）。二（びき）「まえびき」の略。三（やま）「おやまこ」の略。四（ささき）佐々木四郎高綱から。五（かたこ）「かたこぶし」の略。六（さなだ）真田幸村の旗印、六文

音しようとすると、ヤワタとなるようである。）

「九」キワ（「キワト申します。あとはへーにもどるん。」）「十」へージュー　「十二」へーへー、へージューノへー、へーナラビ（「ナラビトモ言います。人によってね。」）

――それ、どういう時に言うんでしょうか？
T　そうですね、え、、まあ、なんてんでしょう、ヨソサンで頂きますね、頂き物しますね。「幾らはいってた？へージューはいってたよ」とこう言います。そいで今の場合だから皆《みんな》万単位ですからね、今はね、そんなことぁ言いませんね。イッポンダヨッテ言えば今はへーマン、へい万ていいます。一万のことぁへい万。
――そうするとお金の時だけでございますか？
T　そうなんです、これは。……数ったって勘定する時はお金はこれなんですよ、みんなねえ。あとはやっぱり普通のカゾエトおんなじですね。……ただお金は

銭から。七（たぬま）田沼家の紋七つ星から。八（やわた）八幡から。九（きわ）際。

　次に、内田榮一『弁天山美家古　浅草寿司屋ばなし』から、深川の活物魚類問屋の時代から使われて、現代でも魚市場の仲買人の間で使われる符牒を記す。

一（シヨコ。し横）、二（リヨコ。り横）、三（カワヨコ。川横）、四（ツキヨコ。月横）、五（マンボウ。万の下に横棒）、六（テンボウイ。、一い）、七（トオマガリ。十曲り）、八（ニラミ。眉毛に見立てる）、九（ガンテンナシ。丸、無し）

　ついでに・荒物・履物・畳商の符牒を上げておく。

一＝大（ダイ）、二＝へ（ヤマ）、三＝△（ウロコ）、四＝×（ツジ）、五＝⊼（カタリ）、六＝⋈（リュウ）、七＝⊠（シャク）、八＝⧖（ヌケ）、九＝久（キュウ）、十＝大○（ダイマル）

チョット、シトサンノ前で言っても分らないような、ね。なんだかトコヤサンとおんなじだそうですよ。

○

——「かぶりつき」と「くいつき」、どっちが……

T　カブリツキッテ言う方もあんですがね。チョット汚いんでしょうね、クイツキトいうことは。……両方使ってますよ、へえ。中入り過ぎてすぐ上がることを……

ソイデネ、あのうシンウチなんか、トリデスネ、だれだれさんのとりのそのマイを（前を）、あの大阪ではやっぱし「もたれ」って言いますが、こっち、ヒザ。カワリト申しますね。……蒲団をシックリカエスダケデ、ヒザ。カワリト申します。真打の前《まい》にね。……つまり真打っていうものがハナシダトすると、前にオン。キョクオ入《い》れるとか、マンザイが出るとか、その、マイニ出た方のことをひざがわりと申しますよ。

——その芸人さんのことをですか？

T　そうです、そうです。

——#「木戸を積む」っていうのは？

T　オキャクサマがね、あの、少ないとするでしょ。今はそういう方ぁありませんが、いいお客様だと「おい、十人買うよ！」っ

「木戸を積む」「寄席用語」（『演劇百科大事典』）には、「昔、講釈場の定連が寄席不入りの際、共同で木戸銭百人分を積んだこと。」とある。

て十人買って自分がお一人入っても木戸を十人くださるの。……御自分が一人だけでも十人分払うの、それを**キド**を**ツム**。

――百人分というわけではなくて……

T　百人、それもあるでしょうよ、ある場合によるとね。……そんな方も**メ**ッタニ聞きませんワ。十人てな、よく聞きますがね。

――それは釈場だけじゃなくて寄席でも……

T　ええ、寄席でもそうですよ。木戸を積む人はありますよ。今でも、「お客、少ないね」って、ひいきのお客様だとよけい置いて下さる、ね。それ一人や半分じゃなく、五人でも十人でも**ツンデクダ**サル、そいで、木戸を積むと言います。……「入らないね」と思って、みて、気の毒がって、え丶まあ充分に**アンナ**サルカター、**アイヨ**ッテッテ、御祝儀出さずに木戸で積んでくださる。……御祝儀だとあるいっぽうの人にしきゃいかないでしょ。木戸ならばみんなの**アタマイ**（頭へ）わりふる。そういう方がありますよ。

（残念ながら国立劇場演芸場ではあり得ないことでしょう。）

○

――落語は漫才とちがって一回一回違うそうですが……

T　漫才はネ**タトユーモ**ンガちゃんときちっときまって、**スンポ゚カ**（寸法が）きまってんでしょ。落語の方は、みんなお客様のイローミテはなしするから…

――色を見て、というのは顔色を見てという…

T　え丶、そうです。お客様のヨースアイデスね。え丶、バンジオチョイトミテ、あ、今日はこう言うはなしがね、百姓の噺が向くとか、お祭りの噺が向くとかって…そりゃ顔をみて言うわけです。

――変えるわけですか？

T　ン、それだからマインチのことが違うわけ。…キャクイロオミテッテ…（どうも客種のことをいうようである）。だからみんな、あたくしたち三味線引《し》くとこね、小窓みたいにチーサナ穴があるんです。そいじゃなきゃスダレン（簾に）なってますとか。ちょっとのぞいてみて、あたしたちはそんなこた言いませんが、シショータチがのぞいて、ひょっ（と）お客のイロをみるわけ。ん、ま、今日はなんだよ、あいじゃ、ゴンスケの噺がねいいとか、今日はね、あの、ま、つまり悪いお客だとセーセコダって言うでしょ。セコー、セコダカラ……わるいこたセコ。セコナキャクだっていうこと。

――少ないことも言いますか？

T　え丶、少ないことは……客ですからね、キャクカセコダネって言いますよ。それは、「客」をつけますよ。そいから、のぞいてみて、え丶まあイナカッペーばっかしだとかね。それは田舎っぺえとは言いません、セコナオキャクダネとこう言います。
——子どもは、じゃり、今日はじゃりが多いなんて…
T　え、ジャリ、ジャリッテ言いますよ、子どものことをね。そいで、悪いジャリなら、セコジャリダトカ、ね。そういうことをね。
——あゝ、成程。やりにくいというわけで…
T　そうそう
——「せこば」ってお便所のことを…
T　そう、そうです〳〵。だから万事悪いことです。
——それから、馬鹿な人ですか、「きん」だとか……
T　キンジューッテ言いますね。え、キンて言いますよ。
——金十っていうのは？
T　あの、昔ね、なんだかあたしたちゃそういうほうの畠《はたけ》は知りませんが、歌にキンチャ・キンジューロー（金茶金十郎）ってうたがあるんですよね。…それは昔タイコモチが、あの客は馬鹿だってうたったんだけど客は喜んで手ェ叩いてね。それを言いますよ。…お客のことキンチャっていいますよ。#キンジューロー

#「金十郎」「金十、きん。寄席界のテクニックで馬鹿という意味。語源は禽獣《きんじゅう》に等しいから来ていて、それを人間らしく「郎」の字をつけたのである。」（『明治東京風俗語事典』）

テナ、馬鹿だっていう…、あれはキンジューダネって言えば、ま、馬鹿ということ……仲間内《うち》でね。だからシロトシ（素人衆）がそこにいると、ソーユ（そう言う）はなしすればシロトシニモ分らないわけでしょ。
T　あ、これがオナカイリ。
（太鼓の音）
――あれ「お中入り」って、「お」をつけるんですか？
T　え、オナカイリト言います。オナカヘリーなんて、だから悪口いいますけど。
――太鼓はいろいろのようですが…
T　え、ハナの太鼓、イレコミね。それはまたタタキカタが違うわけなの。はなは、イチバン（一番）打ってニバン（二番）打って、それで初まるわけ。そいでナカイリダイコがあって、で、コンダ、オイダシ（追出し）、これできまるわけです。
――あ、ニバンていうんですか。
T　え、、ニバン、ニバンてえとおかしいですね。
――太鼓はみなさん男ですか？
T　男です。え、ですけどね、今ァみんなね学歴ァみんなアンナサルケレドモ……趣味が違うから、太鼓の覚え方ァ悪いですね、今のゼンザサンは。……前座さんが三年ゼンザするんです。それまでの間にみっしりと、その、ナリモノを覚える、そういうしこみなんですが。とにかく今の子は全然違いますからね。ただ楽屋へ入って来て…ま、着物にゃキカエマスが、座るってこと知らないですよ。みんなツッタッテルほうでしょ。

——今は畳の生活が少なくなりましたものねェ。寄席のはねのことは?

T　おしまいの事ァバレッテ言いますよ。バレ、何時だい?って言いますよ。ハネトワ言いませんよ。…バレってのは最後ですからね。そのあとが追出しッなってでしょ。おしまいんなって、そいで太鼓がなって、オイダシト言う。バレタカイ?っていうとおしまいってこと。

——あ、終ったか?っていう…

T　え、そうです。

——何か、雨降りのことをすいばれって…

T　えゝ、アメフリ、スイバレッテのは雨降りのこと。雪のことは別段言いませんけど。

——すいばれだとお客が来ないとか…

T　それってのァ、ほら、寄席がおしまいんなるでしょ。おしまいんなっとバレッテ言うでしょ。それとおんなじですね。雨降りのことを#バレっていう。

——話が変りますが、お金のことを…

T　タロー、タローがセコイって言いますね、タローがセコイってのは、ほら、ないってことね。ムタロー（無太郎）ってのぁ、お金が全然ないこと。

――しゃりが食えない、なんてことは言わないんですか？

T そうですね…今は、そう言うことばは出ないんですがねえ。シャリ、これはスシヤサンでも言いますね。

――それはそうと、落語には ねた帳というのがあるんでしょうか？

T それ、エン。ケー（演芸）ねえ、シイレチョー（仕入帳）と書いてあるんですがね、楽屋では。ガクヤチョーと書いてありませんね、シイレチョー。エン。ケーシイレチョーと、楽屋のね。

――それがねた帳ですか？

T ネタチョーです。（師匠が）いらっしゃるたんびに、それを前座が、誰が何をやりましたってこと書いたもの見せないと噺が同《おんな》じんなっちゃうでしょ。そのためにア。カンナサル マイノ（前の）時に シショーノマイ、出すわけ、前座さんが。それが前座の役ですから。自分があのう、いまだに、なに、鉛筆やなんか使わずに墨でやってますね、下手なりでもね。マイノシト（前の人）

#「ばれ」「雨降り」のことをいうことは、黙阿弥物などにも例がみられる。
権次「ほんに悪い雲行だ、」いぼ「水晴《すゐば》れは真平《まっぴら》だ。」てふ「ばれねえうちに、」権次「道を急いで、」（黙阿弥『三人吉三』）、
ト…、新三空を見て、新三「どうか今夜はばれさうだが、此方《こっち》の仕事のばれねえやうに、うまく手筈をしてえものだ。」（黙阿弥『髪結新三』）

まで。そいで今は上がってなさる方は、あのう、ナニナニですって言うこともありますよ。今、ほら、下《お》りてくるまで書かないでいますから、あとの方《かた》に見せる、そのあとの方に見せるんです。そういうことがね、やっぱしなんですよ、旧式ですけども…ハナ来た時ァもうそれこさもうターイヘンナ字書いて。しまいにだん〳〵、三年間やってますから、だん〳〵うまくなりますよ、ね。ゴーギ（豪気）なもんですよ。…ハナーもう大変なんでね。自分の名前大きく書いてさ、師匠の名前チッチャク書いたりすんの。ソユー順序が分んないからね。ジクバリ（字配り）ってもんが分らないから。それがだん〳〵馴れてくると、自分の名を小さく書いて師匠の名を大きく書く。

（どの社会でも、若い人たちの教育は大変なもののようです）

○

——（この社会では）女のことを「たれ」というそうですね。

T　えゝ、女の事を#タレッテンですよ。……昔っから、タレどうしたい？って聞きますよ。我々でも、こんな婆さんでも「たれ」って言います。そいで男の人《しと》の事をロセンって言います。どういう意味だかこれも分んないですけど……

——芸者さんのことを？

#「たれ・ろせん」『隠語辞典』などでは「たれ」「ろせん」とももう少し品の悪い意味も書かれていた。

T　シャダレデス。

——何かお婆さんのことを…

T　バーノジをつけてバータレッテ言いますね。

——年増女のことを…

T　マダレッテ言います。あれ、年増《としま》のマをとったんでしょうかね。

——お女郎さんのことを蝶々とか…

T　チョーチョッテ言いますね。

——女郎買のことを…

T　チョーマイト（蝶舞）言います。買いにくことをね。

——それは、何ですか、買いに行くことをいうんですか？

T　え、そうなんです。いえ、チョーマイオカイニイコーって改めて言いますよね。…だからチョーマイってことが俗にジョーロト（女郎）言うわけですね。そいからアルイッポー、チョーチョとも言いますね。…チョーマイオカイニイコーヨって二重んなるようですけど言いますもの、みんなが。え、今はそうゆ話はあまり聞きませんが、その昔聞きましたね。

——奥さんのことを「わこう」とか言うんですか？

T　ワコージゃないんですよ。誰のニョーボでも、ウチノワコ。カって言いますよ。ワコ。カどうしたとか、こうしたとかってね。
――「さん」をつけると…
T　アンタントコノ・ワコサンどうしたい？って言いますね。人《しと》のこと聞くにゃ「さん」をつけますね。
――上等のことを「はくい」なんて言いましょうか？
T　え、ハクイ、それはね、いいベッピンサンナンゾ見っとね、あの女ァハクイナって言いますよね。そら、楽屋からお客様のぞいてね、よく聞きますね。
（辞書によると、「客種がよい」とか「入場者の多い」こともいうらしい。）
――お酒のことを「清《せい》をひく」というような…
T　セーって言いますね。あれはシロートでも言《ゆ》うんじゃないでしょうかねえ。
（これなどもせんぼことばから来たものであろうか。素人でも通《つう》の人はいうのだろうか？）

――おそばのことを…
T　#メンダイッテ。メンダイを食べることをタ。クルって言いますよ。
――何か話を長く延ばすことも言うんでしょうか？
T　え、、そうです。メンダイニてえと、丁寧に噺《はなし》してくれ、ゾンザイでなく間をおいて噺をしてくれって。そら、長くなるわけね。メンダイって言えば長いことですね。おそばが、ま、つながって長いこと言うんでしょうね。

——そういえば、食べ物のことを「のせる」って言うそうですね。

T　えゝ、ノセルって言います。ノセモノどうしたい？って。

——それは食べ物のことですか？

T　タベモンノコト、いっさい、全部のことをね。

——飲み物は言わない…

T　ノミモノは、ふつう、ノミモノって言いますよ。

——羽織を投げることを…

T　ドーユわけですかね、ダルマッテ言いますね。投げるというけれども、あれは何です、大抵は脱がないんですけれども、あとの方《かた》がもし来ない時は、脱ぐと、あれをシッコマサレルとまあ、下りていいという合図ですから…そのためにね、投げるわけです。で、投げ方のンマイ人も下手《へた》な人も……

——扇は「かぜ」でございましたね。じゃ手拭いのことは…

T　#マンダラッテ言います。

——講談のいくさのとこなんかは？

#「めんだい」　楳垣実『隠語辞典』では「麺代」の字をあてて「①そば代。②長いこと。」とあり、「そば」そのものではない。現在「そば代」のことを言うのかどうか、どなたかに御教示頂きたいものである。

#「まんだら」『日本国語大辞典』では「斑《まんだら》」の項にこの意味があり、「曼陀羅に擬していうか」とある。

T　ヒラバ（修羅場）って言いますね。ヒラバデスね。

——それから、「とばく」のことを…

T　モートル。モートルじゃなく、モートル。あれ、どういう意味ですかね。

——手品のことは？

T　ふつう#ズマですね。そいからそれ、日本調と西洋のナニ。カあってでしょ。ですから日本の方はね、ニホンテジナと申します。そいから西洋はキジツ（奇術）。

——それから、席が上席とか下席とか……

T　えゝ、今はね、三回にわかれて十日ですから、カミセキ・ナカセキ・シモセキとこうなるから、サンジューンチを三つにわけますからね。

——場末の席のことを…

T　ハセキッテ言います。…今はほらそういう寄席がないですが、昔は#ドブップチミタイナ寄席がずいぶんあったんですね、小さな……え、そういうこと。場末の寄席ですね、ハセキ（端席）。

○

「ずま」「手品」は古く「手妻」といったから。

「どぶっぷち」溝《どぶ》っ縁《ぷち》とは面白い形容である。私はドブッカワとはいうがドブップチとは言ったことがなかった。

——話は変りますが、落語の出囃子というのは、大阪が先だったそうでございますね。

T　ずうっと前、大阪の東西会ってえのがね、東京へできましたのが、大正時代（＝大正八年春、東西落語会設立）……東西会って言いますくらいだから、東京から半分、大阪から半分。そいで若い時分ですからそういうとこへあたくし行きまして。ですから大阪のものも覚えなくちゃなんないんで、大阪からオアササンていうおはやしさんが来ましてね、そいでおそわったんですけどね。

——どんな出囃子があるんでしょうか？

T　サ、ソレーワモー、カズカ。キリナク、書ききれやしませんよ。千や二千じゃないですよ。え、そういうもんですよ。オモイオモイですよ。

——そうすると、こういう有名な方たちですね（書付をみて頂く）、そういう方のはソラで覚えていらっしゃるわけですか？

T　こういうの、みんな覚えてなくちゃ、商売ンならない。

——恐れ入りますが、教えて頂けませんでしょうか。

T　ハイハイ。えー、（出囃子が）おんなじ人《しと》もありますね……。ブンラクサンはノザキデショ（桂文楽「野崎」）。シンショーサンがイッチョーイリデスよ（古今亭志ん生「一調入り」）。エンショーサンはショーフダツキ（三遊亭円生「正札付根元草摺」）。エンカサンはね、オドリジデいいですね。（三遊亭円歌「踊地」）

ショーゾーサンがアヤメユカタ。（林家正蔵「菖蒲浴衣」）。

――「あやめゆかた」ですと長唄ですね。（志ん生さんが）「一調入り」というと…

T　シバイモンデスね。（円生さんの）「正札付」は長唄にありますね。

――そうするとこういうのは、小唄からとったり長唄からとったり……

T　ソーソー、そうなんです。芝居物も。取ったわけじゃなくシショータチが好きで……昔はみんなペントカ・ツントカ師匠たちもやりました人ですから、アタシャ・アレ。カイーヨといって決めたわけなんですよ。イチバンノ最初はなかったんですから……

――正蔵さんやなんかが芝居ばなしをなさいますね、あゝいう時もやはり（出囃子を）「あやめゆかた」でされるんですか？

T　え、そうなン。それで上がってて、あと、間に、ほら、いろんな、シバイモンですから、入れますからね。

――どういう噺の時には何が入るという…

T　えゝ、ちゃんと定式に紙が来まして、どこへ、何《なん》て言ったら何《なに》を入れてくださいという…芝居物がはいりますんです。それもきまってるものですから。…芝居とおんなじです。今ナンテッタラ鐘を打ってくれとか、なんてせりふ言ったらなにを引《し》いて下さいとか、ソユコトみんな、大写《おおうつ》しに書いてあんですよ。で、そこへ張ってあるから、みんなそれ見てやるわけ。

○

——講釈の方は出囃子はありませんですね。

T　ないんです。太鼓でもカタシャギリ（片しゃぎり）っていって、普通の太鼓で上がります。どうかすっと、太鼓の無いこともありますよ。講釈師は、スデ（素で）すうっと上がっちゃうことあんの。

——噺家でもそういう時代があったんですね。

T　エンキッツァン（円橋）、エンササン（円左）、エンキョーサン（円喬）、ここんとこは三味線なしの太鼓の時代です。マンキッツァン（万橋）もありません。これオンギョクシ（音曲師）でないんです。カショーサン（歌笑）、事故で亡くなった人でしょ。あの時代にゃまだ無いです。談志さん、ずっとマイの談志さんは無いんですが、今のダンシサンはトクサカリです（立川談志「木賊刈」）。エンバサンはエンババヤシというものがあります。これァ大阪の円馬さんがつくったものなんです（三遊亭円馬「円馬囃子」）。ブンジサンがやっぱしノザキです（桂文治「野崎」）。ミキスケサンはツクマデス。ツクママツリという、アサズマブネ（浅妻船）にあります、長唄の（桂三木助「筑摩」）。これをツクマとは発音しないそうだ）。コサンサンはね、ノットでも…どういうんでしょうか、ノットデいいですね（柳家小さん「祝詞」）。どうやら「のっと」にもいろいろあるらしい)。コカッツァンはあの、なんです、イデノヤマブキ。これも長唄です。ツキノマキ(月の巻)にありますね。(三升家小勝「井手の山吹」)。リューキョーサンはセリデス。これは大阪の「せり」ですね(春風亭柳橋「せり」=迫《せ》り出しの合方)。コブンジサンもノザキです(桂小文治「野崎」)。これをノザキというとおかしいそうで、むずかしいことである)。イマスケサンはノ。ケノヤマカラ・ノーエ(古今亭今輔「野毛山」)。

――そうすると、どういう落語をやる時でも同じものなんですか?

T　そう、オンナジモン。だからシジュー・キナサル方《かた》は、あのデダカラ(=出囃子だから)だれが出てくるっての、まあ分るのねえ。ラク。ゴツーノ方は。それまた楽しみで来なさる方もあるのね。

――今日はこういう噺だからちょっと変えようなんてことはないんですか?

T　あゝ、それはエンショーシショーだけです。円生師匠が　デワネやかましいですけどね。あと、ウケッテノ引《し》くでしょ。…オシマインなります(時に)引《し》きますね、チョコチョコット、ほら、なんの、スンポーノ工合でね。それがやかましい、円生師匠が一番……芝居噺なんぞね、円生師匠のなに(録音のことか?)やった時だってあたくしがはいっとりますよ、みんな。……

カラクサンはカンジンチョーです(三笑亭可楽「勧進帳」)。エンユーサンが、これがサツマ(三遊亭円遊「さつま(さ)」)。#サツマって、ちょっといきな唄がある。シ。コトシ(仕事師)なんかが芝居で出っとき使うわけ。手拭いでもカタ・シッカケテ（肩へ引っかけて）デットキノ三味線です。
キンバサンがホンチョーシノ・カッコ。カッコッテンデス。……ホンチョーシト（本調子）サンサ。カリト（三下り）あるんですよね。ですから、これは本調子（三遊亭金馬「本調子の羯鼓」）。

――お囃子では上調子《うわぢょうし》なんてのは入らないんですか？

T　え、入れません。一人でも二人でもウワジョーシというものは、ほらカエデ。カ（替手）はいったりしますからね、入れませんですよ。かえって邪魔んなってね。
バショーサンはクラマデス。バショーサンじゃない、バショーサン（金原亭馬生「鞍馬（山）」）。ンマノスケはドーゾ・カナエテ。これ小唄のね（金原亭馬の助「どうぞ叶へて」）。但し、ンマノスケと発音する人もいる）。ムラクサンはカンジンチョー（三笑亭夢楽「勧進帳」）。エダタローサンはクシモトブシ（桂枝太郎「串本節」）。エンウサンはチャチャラカ・チャンテンですよ。こ

＃「さつま」　このサツマというアクセントは、東京弁にも大阪弁にも合わないので、唄い出しからだろうと予想していたが、杵屋栄左衛門氏が五線譜に採譜された「さつまさ」（『歌舞伎音楽集成』江戸編219ページ）を見てやっと分った。「薩摩さァ…さつーまと急いで押せばさ」という〜〜の部分にソシドとミファミミド、つまりサツマという曲がつけられていたのである。

りゃね、唄がちゃちゃらかちゃんてえの、そういう唄なんです（三遊亭円右「野毛山」）。ヨネマルサンがね、#コンピラフネフネ（桂米丸「金毘羅船船」）。

そいからヤッコチャン。カ、あのーなんです。

——あ、やっこちゃんとおっしゃる？

T　ヤッコチャント言うんですよ。あれはねえ、なんだっけ…ギョーレツデス。大名行列は奴《やっこ》ですから。チャンチャチャチャンテ…（三遊亭歌奴「行列」）。……サンペーチャン、なんです、オシシデスね、キオイジシミタイ。

——勢獅子、それをふつうお獅子って言ってるんですか？

T　え丶、シシで通ってますね（林家三平「獅子」）。このへんはチャン付けだった）。

エンゾーサンはね、オエドニホンバシデス（橘家円蔵「お江戸日本橋」）。ミキマッツァンはミズですね（柳家三亀松「水」）。キンゴローセンセーはね、あのう、#リキューブシ（柳家金語楼「琉球節」）。

#「こんぴらふねふね」これもコンピラフネフネとならないのは節付によるものと思われる。

#「琉球節」金語楼にだけ師匠とせず〝先生〟と呼んだのは新作落語の作者であるためだろうか。この下座唄は、「琉球と鹿児島が地続きならば、逢うて酒盛りしてみたい」というもの。杵屋栄左衛門氏によれば「琉球」という唄い出しは「りきゅう」と唄うそうである（『歌舞伎音楽集成』上方編423ページ）。そこで題も「りきゅうぶし」となったもので

まだまだお話は続くが、ひとまずこれで終る。お話の内容は文字化の通りだが、順序その他は筆者が話の通るように編集してある。御冥福をいのる。

あろう。曲名の発音やアクセントが時に一般のことばのと異なるのは、こういうことが原因のようである。

長谷川時雨の東京弁
——辞書にない語を中心に——

一　はじめに

いつぞや「東京アクセント」云々の題目で、八王子アクセントの報告がなされたことがあった。この節「東京語」というと、新市内はおろか郡部をも含めた東京都全体の方言と受けとる向きもあるようだ。そこで私は、狭義の東京方言を「東京弁」として記すことにしている。私は先に、その〝東京弁の使い手として、次のような規定をした。
1、御一新から敗戦までに言語形成期を終った人。
2、東京旧市内（東京旧十五区内）で言語形成期を過ごした人
3、両親または保育者も、江戸墨引内か東京旧市内で生育の人

御一新（一八六八年）より前に言語形成期が終っていれば、その人は江戸弁の使い手として区別することにした。同様に、敗戦（一九四五年）後に生育したが、2・3の条件には該当する場合は、準東京弁とでも呼ぶべきかと思っている。

明治から敗戦頃までに東京旧市内で生育した人の「東京弁」についての意識は、およそ右のようなものだったと思われる。それはたかだか#八三・六平方キロメートルの狭い区域の方言だったが、幕末から明治にかけて士工商のあらゆる職業の人々が生活し、周辺の関東方言とは異なった言語の島をなしていた。それは、二百年ほどかけて上方文化を吸収し江戸風に洗練させ、周辺の関東風とは異なる、いわばないまぜ文化を造り上げた結果であった。江戸期の度重なる粛正や大火にあっても復興したのは、現在地方文化振興のためにお上がハード面を充実させるような性質のものとは根本的に異なっている。芝居や寄席は庶民の遊びの場ではあったが、同時に言語・美術・音楽・社交などといった江戸人の教養を会得する場でもあった。

#「東京弁の使い手」「消えゆく東京弁」（「国学院大学日本文化研究所紀要」第七十四輯、一九九四・九）
#「東京旧市内」の広さ　越沢明『東京の都市計画』による。

言語形成期における東京弁の習得も、芝居や寄席文化を抜きにしては考えられない。よしんば少年層（少女層を含む）が話芸に直に接することが稀であっても、大人たちの言語を媒介としてそれらを習得することが可能だった。そこではテレビの時代劇やお茶の間寄席とは根本的に異なる言葉の遊び、言語技術の訓練が手ほどきされるといってよい。放送は原則として一過性のものだが、庶民に好評の芝居や話芸は回を重ねて行なわれ、演者ごとに楽しまれる。それらのさわりは庶民の好んで口にするところとなり、あたかも本歌取りのようにそのもじりをも楽しんだ。それは言語遊戯のみでなく、音楽・美術にも及び、その結果、江戸・東京独特の多くの約束事が生れていき、これらに無知な者は田舎者として軽蔑された。これは一九（一七六五年生）の膝栗毛や三馬（一七七六年生）の浮世風呂などから続く東京者の驕りであるが、都であればいずくも同じ習いである。

では、上方文化をとり入れて高度成長をとげた江戸弁の伝統をひきつぐ東京弁の語彙の殆どが、辞書類・語彙集に登録されているかといえば、残念ながら否と言わざるを得ない。近年、幕末から近代の専門用語の語彙集が相次いで刊行されているのにひきかえ、日常生活語、中でも女ことばには未登録が多いようだ。

歌舞伎でしゃべりまくるのは「しゃべり」といわれ、女がしゃべりまくるのは近松の「嫗《こもち》山姥《やまんば》」の廓話が著名だが、これは女がしゃべりまくる特殊性がうけたのであって例外である。

黙阿弥の世話物も中心人物は男性だった。明治に歌舞伎に対立して生まれた新派はもとより、昭和十三年に発足した新生新派も女形中心の題材が演じられたが、その社会は花柳界が多く、一般庶民の女子供は画かれていない。落語・講談の主人公も、演者もまた男性である。結局、舞台で女による女の主人公が女の言葉でしゃべるのは、新劇、それも戦後の新劇まで待たなければならなかった。

浅草で生れ育った久保田万太郎（明治二十二年生）は、意識的に東京弁で戯曲を書いたが、そこに女は画かれていない。それより十年年嵩で日本橋で生育した長谷川時雨も戯曲を発表したが、史劇であり舞踊劇であって、下町の庶民生活を写していない。国語研究者の多くは、その時代の生きた言葉がうかがわれるとして戯曲に例を求めることが多いが、芝居では〝板〟にのる言葉が選ばれるので日常語そのままとは言えないのである。第一、女子供の日常生活は〝絵〟にならぬというものだ。

その点は小説も同様で、庶民の日常語、それも女子供がしゃべる世話物・世話場などは、芝居にも小説にもなりよう筈がないのである。むしろこれらの言葉は、個人的な、例えば思い出を語るような随筆に求められる。それ故、大きな辞書にも登録されずに消えてゆく運命にあるものが少なからずある。

そこで私は、今まで調査した随筆の中から長谷川時雨の作品をとり上げ、消えつつある明治の東京弁五百数十語を抜き出しその特徴について考えてみた。紙幅の関係上今回は、いわゆる大辞典・中辞典の類に見出し語のなかったもの（＊を付す）、或いは見出し語はあってもその意義を欠く語（△を付す）を中心に紹介することにする。

資料に用いた底本及びその略称、刊年等を記しておく。なお、原本に振仮名のあるものは［　］内に、岩波文庫のみにあるものは〈　〉内とした。また必要に応じて、原本の頁、次に（　）内に文庫本の頁を付した。なお、岩波文庫の『旧聞日本橋』（一九九三年八月五刷）には、「続旧聞日本橋」として『桃』所収の三篇が入る。なお、「女人芸術」の「日本橋」と岡倉書房版とでは、本文に多少異同がある。振仮名は雑誌のほうが多く付されるが誤りも多く、今回は時雨自身の序文のある岡倉版を底本とした。（なお、尾形明子氏には『桃』など貴重な御所蔵本の被見をお許し頂いた上、時雨の写真までお貸し頂いた。氏の御厚意に対し厚くお礼申しあげる。）

旧聞日本橋　『日』　昭和十年二月　岡倉書房刊。（「女人芸術」の昭和四年四月から七年五月にかけて「日本橋」として連載したもの）

草魚　『草』　昭和十年七月　サイレン社刊

桃　『桃』　昭和十四年二月　中央公論社刊

随筆　きもの　『きもの』　昭和十四年十月　実業之日本社刊

渡りきらぬ橋　『渡』（長谷川時雨全集第五巻）昭和十七年七月　日本文林社刊（一九九三年

九月復刻版一刷によった）

さて、長谷川時雨、本名長谷川ヤスは明治十二年（一八七〇年）十月、東京は下町の日本橋通油町に生れ育ち、昭和十六年六十一歳で没した。長谷川仁#「時雨の譜」、岩橋邦枝『評伝長谷川時雨』によれば、父は日本橋で生育、母は江戸生れとのみで地名は分らず、その少女期に一時一家で遠州御前崎に移住したことがあるという。同居の父方の祖母は伊勢育ちで、時雨が十五歳まで健在であった。祖母の影響とみられる方言形#「かざ」（悪臭の意）が時雨に残っていること、既に書いた。

時雨の東京弁は、小説や戯曲を収めた全集には稀で、彼女が主宰した雑誌「女人芸術」の埋め草に書いた随筆「日本橋」（本にまとめる際『旧聞日本橋』と改題）にあふれている。日本橋の町中で遊ぶ子供たちの姿、親類縁者たちの生活ぶり、自分の幼児期の体験を思い出すままに記した中に、もはやその物や事が失われた明治の東京がいきいきと写されている。

明治の東京旧市内の生活を記した随筆には、内田魯庵・鶯亭金升・岡本綺堂・鏑木清方・木村荘八などのものがあるが、これらに現れる東京弁の語彙と時雨のそれとは殆ど重複しない。一つには文体の相違が大きく、会話文またはそれに準じる形式が右にはあまり入っていないこ

#「時雨の譜」　長谷川仁・紅野敏郎編『長谷川時雨人と生涯』所収。

#「かざ」　204ページ注の133ページ。「強い消毒薬のかざは流れてきたが」『日』210（233）

と、市井を画いていても家庭内の雑事や子供社会の記述は右には殆どみられないこと、話言葉では男も使用するが書き言葉では使用しない語が右には含まれていないことなどが重ならぬ理由であろう。例えば「お」のつく言葉（「お〜」形）など、私の東京弁聞き取り調査では明治生れの男性にもよく使われたが、それは話言葉としてであって、書き言葉としては一般に切り捨てられるものである。久保田万太郎の小説や森義利『幻景の東京下町』（聞き書き沼田陽一）などに重なる語もあるが、子供の遊び言葉や女性の髪形・衣服に現れる近代語は重複しない。画きたい興味の対象が異なるのだから当然である。以下具体例で述べてゆくことにする。

二　接辞などのつく語

金田一春彦氏はかつて、#「お何々」という形のアクセントの型の対応は、他の種類の語では見られないことから、「これは京都語がアクセントごと東京語の中に移入された例」と書かれた。江戸の女性における#「お〜」形の多用は恐らく近世末頃からと思われるが、時雨の随筆にもそれが目立つ。その中で現在「東京弁の使い手」以外には馴染みの薄い語を選んで記してみた。「お

#「お何々のアクセント」『国語アクセントの史的研究　原理と方法』102ページ。
#「お〜形の多用」『古今和歌集声点本の研究　研究篇上』435ページに対応の具体例を書いた。

相伴〈しょうばん〉」「おとむらい」あたりまでは記さず、「お小用」「お三日［さんじつ］」程度は記すという、甚だ恣意的なものである。なおここでは便宜上「お〜」形の語が前部成素となった複合語も含めて五十音順とし、（＝　）内に注を付した。

おあんばい・＊お釜敷〈かましき〉・＊おけし坊主（＝髪型）・＊御心しらひ（＝「じ」も）・お小休み・＊お小用・お座［ざ］（＝机場［おざ］も）・＊お三日［さんじつ］・＊おしなさんな・＊お精進日〈しょうじんび〉・＊お嬢［ぢよ］つちゃん・＊お墨すり・＊お席書〈せきが〉き・お銭［ぜぜ］・＊おそそうな・おたばこぼん（＝髪型）・お多福さん・＊お童様［ちごさま］・△お茶［ちや］（＝「お茶つぴい」の略）・お茶湯［ちやとう］・＊おちやびん（＝「おちやびんつき」の子）・＊お茶盆・＊お杯口〈ちよく〉・＊お鳥目［ちよもく］・＊おつきあい浚ひ・△扮装［おつくり］（＝「おつくり」もあり）・味噌汁［おつけ］・＊お棲〈つま〉・頭［おつむり］・お伽〈とぎ〉坊主・＊お供〈とも〉さん（＝髪型）・お長屋・お残り（＝食べ残し）・＊おひきすそ・＊お引［ひ］けすぎ・おひけ（になる）・＊おへつつひ・おまんまつぶ・＊お見出し・盲目［おめく］・＊お召物［めしもの］たとう紙［がみ］・物乞［おもらい］・＊お奴〈やつこ〉（＝髪型）・＊おやつこさん（＝髪型）・＊洗湯［おゆや］・＊お四方［よかた］・＊お留守見舞

右の四七語中、髪型六、姿形四、飲食関係九で全体の約四〇％となる。また、辞典類には見出しがないが男女ともに「お～」形を使う「お三日《さんじつ》・おちゃびん」や、女なら必ず「お～」形を使う「お小用・おちよく・お鳥目・おゆや」など、時雨のえがく場面での「お～」形多用は必然といえよう。髪型の「お供さん」「お奴（さん）」については後で述べる。

「大（おほ）」のつくもので辞書にないような東京弁の語はごく少ない。「大僧」「大戸」「大家［おほどこ］」「大丸髷〈まるまげ〉」「大屋根」程度は中辞典なら登録ずみである。「大呉服店」など、オーかダイか、よみの確定しにくいものを除くと左のようである。

＊大岡持・＊おおかみさん・＊大女房［おおかめ］さん（＊「おおかめさん」も）・＊大代地［おほだいぢ］・＊大問屋町［おほどんやまち］・＊大よそゆき

「大かみさん」は日葡辞書にVôgamiとあって、『日本国語大辞典』には連濁形の「大上（おおがみ）」の形で上がっている。「大おかみさん」は私の東京弁調査でも度々聞かれたが、「おおかめさん」は時雨の記す左の例ぐらいで、これは特異な例である。

おおかめさんとは、大旦那に対する大内儀［おほおかみ］さんの意味で尊称なのであらうが、自分でいふとおおかみさんになり、出入りのお相撲《すまう》さん×山関がいふとおおかめさんとなる。狼がいいといふものと、大お亀の方が縁起がいいといふものと、どっちもごっちやだ。『桃』142(402)

「大代地」は柳橋の北側の川岸あたりの地名だが、現在私どもは**ダイチ**と清音で発音しており、「大」のつく例も聞かない。「大よそゆき」などは母などのよく使った言葉だが、辞書には「よそゆき」があれば充分であろう。

「小（こ）」のつくものも、「小屋［こいえ］」「小気味よく」「小態［こてい］」「小ぶとん」などありふれた例が多く、＊「小軋轢［こあつれき］」「＊小ぎたならしくない」あたりが辞書にない例である。

接尾辞「げ」には「＊あられげもなく」があるが、「あられもなく」からの転用であろう。

「屋」のつくものが辞典にないのは当然だが、左の例などはいかにも明治の匂いがする。

＊肥［こひ］とろやさん・＊金米糖〈こんぺとう〉や・＊点燈屋［てんとうや］さん・＊稗蒔屋・＊古帳面屋・（＊プロマイド屋は現代もある。）

昭和になると「肥とろや（さん）」は「おわい屋（さん）」が一般になったし、「古帳面屋」という職業も、フル〜かコ〜かというよみも分らなくなる。＃「稗蒔屋」の呼び声は聞いたことがないが、菊池貴一郎＃『絵本江戸風俗往来』には「ひえまァきァ、ひ

「ひえまき」〈守貞漫稿〉

「稗蒔売　ヒエマキハ初夏ノ比売レ之　是又瓦盆ニ稗種ヲマキ芽ヲ出シテ四五分ナル物ニ田家人畜ノ製物ヲ置ク」（守貞漫稿）

＃『絵本江戸風俗往来』　鈴木棠三編の東洋文庫本による。

えまァき」と呼んで売り歩いたとある。
なおいかにも古めかしい語形として、土蔵の数を数える助数詞の「戸前」がある。

*一戸前［とまへ］（の金）・*二戸前〈ふたとまえ〉分（の金）・三戸前〈みとまえ〉分（なければ）

助数詞が急速に減じた現代では、右のよみどころか前出の「お三日［さんじつ］」「お四方［よかた］」さえ危いのではなかろうか。

三　訛音など

時雨の作品の#訛音については既に書いたことがあるので、簡単に記すことにする。
いわゆるヒとシの混同については、シをヒとする例は当然ながら見当らずヒをシとする左の例がある。

*しでえことを（父の言葉として「　」内にあり）・*しどくしどく（貧乏にやつれて）・

*しめ糊（＝姫糊）

実際の時雨の発音としてはʃi（シ）に近い「ひ」もあったであろうが、文字化されなかった

#「時雨の訛音」204ページ注の137ページ〜。

ものと思う。下町に限らず、横浜に生れ赤坂から麹町で生育した里見弴（一八八八）にも「仕《し》ッ切《き》りなしの」「ひら几帳面に」（『道元禅師の話』）などがあり、これらは「しめ糊」同様、誤って思いこんでしまったものが多いだろう。

引音の脱落は現在の東京旧市内でも多く聞かれるが、大辞典に見出しのない例のみを上げておく。

＊いつけ（＝言ひつけ）・＊お鳥目［ちよもく］・＊切山椒〈きりさんしよ〉・＊金米糖〈こんぺとう〉や・＊シミズ（＝シミーズ）・＊総後架［そうごくわ］（但し、文庫では〈そうこうか〉）・＊南校［なんこ］の原［はら］

促音挿入・転訛も同様。

＊後［あと］びつしやりな・＊おしつけつくら・＊チンコツきり（＝賃粉切。賃金をとって葉煙草をきざむ事・人）・＊ヘドツコ・＊坊主つくり・＊向つ角（＝向う角）

「坊主つくり」は促音を小字とする文庫本でも「つ」が並字であるが、「姐様（＝あね様人形）は、半紙で小さな坊主つくりを作つて、千代紙の着物をきせることもあるが」『日』41（64）の例から**ボーズ**ッ**ク**リと考える。これは「旧市域の語彙」に項もあり、また前田勇『江戸語大辞典』には「坊主くりの禿《かむろ》」（文政九年・花街寿々女上）の例もある事から、「つ」は促音が望ましい。

「わざつと」は、芝居の男衆の挨拶「これは私のわざつとお土産〈みやげ〉で」『日』270（306）

とあるから、近世に多用の「少しばかり・ほんのちょっと」の意であるし、「嬢［ぢよつ］ちゃん」なども辞書に登録がある。

撥音挿入では「ドンモリ（＝どもり）」があるが大辞典にはあり、撥音への転訛としては「*なんしよで（＝内緒）」「*ムンヅリしていたが（＝ムッツリ）」がみられるくらいである。

「ゆきさつ（＝いきさつ）」は、漱石に例があることから辞典に乗るが、「△#ゆびつ（＝いびつ）」にゆがんだ形（―物）の意義は大辞典に記されず、「さかゆき（＝さかやき）」も方言形と上がるが東京方言という記載は『日本方言大辞典』にもない。自動詞「ぶるさがる」は辞典にあるが他動詞「ぶるさげる」（時雨の例は「*ぶるさげたり」）の項はない。「*いめいましい」は現実にこの語形があったか、「いまいましい」の訛り、イメーマシーからの誤表記か疑問であるし、エゴを「*イゴ」とするのは、この頃「イゴイスト」の表記もあるから当時の発音として考え訛音とはしない。一般にチジリかジジリの発音である#「地尻」が「*地尻［ぢち］り」と記されるのは、「*橋ぢり」の表記もあることから、当時の通用というより時雨個人の誤用ではなかろうか。それには「出尻」をデッチリなどという俗語からの類推もあったかと思われる。大体清濁の相違は、はっきりした方言差のあるもの（例えばセンタクとセンダクなど）や、自筆振仮名の確例がないと問題にしにくいものである。校正者や

#「ゆびつ」「いびつ」が「ゆびつ」となるのは「ゆがむ」からの類推もありはしないか。

#「地尻」 久保田万太郎『末枯』には「地尻」に「ぢじり」の振仮名がある。

校訂者が本人に無断で記すことの多いことから、ここでは「*つくなんでゐた」（辞書類は「つぐなむ」）「*ワンピーズ」を上げるにとどめておく。なお、「見そくなつた」「すけない（＝少ない）」（多出）の類は辞典にもありすべて省略する。

四　項目または意義のないもの、欲しいもの

いわゆる国語辞典に項目のない筆頭は固有名詞である。例を上げればきりがないほどだが、他書の随筆にも現われる地名を少し記しておく。

*牛〈うし〉が淵〈ふち〉（普通名詞の項はあり）・*大代地［おほだいち］・*尾上河岸［おのへがし］・*杉の森・*南校［なんこ］の原［はら］・*竈河岸［へつつひかし］・*本佃［ほんつくだ］・*東両国［むかうりやうごく］・*両国広小路・*牢屋〈ろうや〉の原〈はら〉

近代文学にはよく現われる寺社名・祭礼名・店名・人名なども大辞典の項目として欲しい気がする。例えば左のようなもの。

*五十稲荷〈ごとおいなり〉・*清正公社［せいしょうこうさま］・*だらだら祭り・*金瓶大黒［きんぺいだいこく］・*梅坊主〈うめぼうず〉

また、遊びやまじないのことば、唄の一節なども辞典には収録しにくい。

*#あんの山から*こんの山へ、飛んでくるのはなんぢやろ
　か『日』322（358）

詞はやや異なるが「狂言歌謡」に小舞「兎」としてある。これなどは「あの山、この山」の転であるから見出しとしては不要である。

*イツチク、タイチク、タエモンドンの乙姫さまが、*チン
　ガラホに追はれて『日』33（57）

右は『日本国語大辞典』に「いっちくたえもん（一竹太右衛門）」「いっちくたっちく」の項があり、詞はやや異なるが近世、更には明治十年頃、飴売によって歌われ流行した童謡であることが分るが、「チンガラホ」とは何のことか。

*ひな一丁おくれ、どの雛目つけた。この雛目つけた、（下略）『日』15（36）

三河様といふのは、風ふくな、ナア吹くな、三河様の屋根で、*銀羽根ひろつて……と羽根つきながら風が出てくると呪［まじな］ひに唄ふ大川端の下邸跡である。『日』252（283）

「釜鬼」や「瓢箪ぼつくりこ」は類例があるが、右の歌やきしやご遊びの#「道十郎〈どうじゆうろう〉めつかち」『日』72（99）、まじないの「*チチンカンプン」『桃』191はまだ他書に見出せない。「チチンカンプン」は祖母の言葉だから、伊勢方言であろうか。いずれにしてもチン

「あんの山から」『中世近世歌謡集』（日本古典文学大系）207ページ
「道十郎めつかち」204ページ注「消えゆく東京弁」に関連語との比較をあげた。

プンカンプンとのないまぜであろう。

このほか、諺の類が多いのは明治の人全般に共通することで、「*川の水に唾」『日』218（241）・「*三尺へだたれば清〈きよ〉し」『日』250（282）・「*寸［すん］にして摘［つ］まずば」『渡』318などがあるが、これらについては鏑木清方その他と共に別稿で扱うことにする。

次に辞書類に項目がなくて意義の不明なものを上げておく。

*借定［かてい］の人形［にんぎやう］の首［くび］『渡』315・*げじけし『日』9（26）・*財袋『日』111（139）（=財布のことか）・古新聞で畳んだ*十二煙草〈タバコ〉入れ『日』85（111）・*定木［ぢやうもく］『渡』311（=反物屋の道具）・*茶［ちや］ぶくを吹いてしゃべるでせう『草』174・*ハツコウ『日』55（78）（=男客をいう大丸の符牒。女はクノイチ）・*ばりこになるよ『日』37（61）（=墨がバリバリに固まることか）・*ヘドツコになつて『日』162（188）（=酒に酔ってベロベロになったことか）・*役目［やくもく］『渡』341（=「やくめ」と同じか）・寄在席［よせい］（=文庫本は「寄席在〈よせい〉」『日』256（290）

「よせい」は「女人芸術」（昭和五年八月号72ページ）にも「寄在席《よせい》」とある。この表記が存在したとしても、果して「寄席」＋「居」？なる語形が存在したかどうか、まだ調べがつかない。「#十二煙草入れ」は、新聞を折って幾つも口のある紙入れを作る子供の遊びがあったから、それと似たようなものではなかろうか。落語の「居残り佐平次」にも「新聞紙《がみ》で十二煙草入れを折って刻《きざ》みが一ぱい詰《つま》つてます。」（『口演速記　明治大正落語集成』七など）がある。「げじけし」は「女人芸術」も「げじけし」で、傍点のあるところから誤植ではないようだ。

辞書に項目のほしいものとして左がある。

毎日*#けいしをあけて唄本「けいこぼん」の間を調べる。『日』287（322）・*のん（=月。「のの」は項あり）『日』8（24）・おみやげのお菓子を……*撒〈ま〉ききる『日』34（58）・*まきもの『日』197（220）（=撒き物）

「けいし」の漢字表記は不明だが、私は戦前稽古本ばさみを「おけいし」と言っていたし、現在杵屋五三郎氏もそう言われるそうである。「撒く」や「撒き物」が辞典にないのは、そういう慣習にうとい方々が編集するせいだろうが、「ぬれ甘なっと」の広告の紙にも「おさらい会の蒔物に」の印刷がある。

項目はあるが意義の不足もしくは不一致のものに左がある。

手の指はまっ白に△うぢやぢやけてゐた『桃』46（=『日本国語大辞典』は「うじゃじゃける」の神奈川県津久井郡の方言として白くふやける意がある）・学「まな」びたい△餓「が」をすこしばかりは満「み」たしてくれた『渡』328（=現在は「うえ」のみか）・△吃々

#「けいし」杵屋五三郎氏には和田修氏に聞いて頂いた。但し、銀座の朝日家（三味線屋）さんでは、稽古本・譜本をケイシといい、その入れものが「ケイシ入れ」、ケイシをはさむものを「ケイシばさみ」または「本入れ」というそうである。

〈きつきつ〉と『日』291（326）（＝いかめしい例故「屹々と」の誤植か）・鉄の悪口を△グシヨ〱と祖母に語つてゐた『日』28（53）・古着屋で嫁入着物に△糊附〈のりづ〉けものを売つたため『日』208（231）・大きくとつた前髪のあまりを、△ふつさりきつて『日』235（264）（＝今は「ふっつり」か）・そのねんねこに△ふつさりと包まれて『日』251（283）（＝今は「ふっくら」か）・何処〈どこ〉につれてつてしまはれるのかと△ホロホロして『日』69（96）（＝今は「オロオロして」）・△へツついといふ髪［あたま］の見本『日』208（231）・小［ちひ］さい前髪［まへがみ］と両鬢［りやうかつら］に△奴［やつこ］さんを結［むす］んだおかつぱの童女［どうぢよ］が『渡』315

「チヂッ毛」と「おやっこさん」
〈守貞漫稿〉

右の「奴さん」は小さいまげで、辞書類は「奴頭」の項に奴や男の子の髪型としてあるものだが、三か所にどう結ぶのか不明。前出の「おやっこさん」は次の時雨の注にあるように現在もはいはい人形にみられる髪で幼時のものである。

アンポンタン（＝時雨のあだな）が三ツか四ツの時、額の上へ三日月形の前髪の毛をおいた。それまでは中剃り（頭の真ン中へ小さく穴をあけて剃つてゐること）をあけたおかつぱで、ヂヂツ毛とおやつこさんをつけてゐた。（#ヂヂツ毛は頸のボンノクボに少々ばかり剃残してある愛敬毛、#おやっこさんは耳の前のところに剃り残したこれも愛敬毛）そのほかは青く剃りあげてゐたのへ、小さいお腕（＝文庫本はお椀〈わん〉）を伏せて格好のよい三ケ月形を剃り残したのだ。『日』7（24）

五　項目はないが理解できる複合語

大辞典に項目はないが複合形のため前部・後部成素から何とか理解できるものは多い。それらを、（a）癒合語・（b）結合語にわけて列挙する。

（a）*糸店［いとだな］・*裏河岸・*畫幕［ゐまく］・*蚊虫〈かむし〉・*黄歯〈きば〉・*生花［きばな］・*店蔵［たなぐら］・*血びき（＝血縁のある、の意か）・*墓主・*橋ぢり・*引裾［ひきすそ］・*曳裾〈ひきすそ〉・*人渦［ひとうづ］・*太倉［ふとくら］・*洋科

弟が生まれた時「八十二になつてゐた祖母が引裾［ひきすそ］を、サヤ〳〵と音たてて、チンボだよ（＝男の子だよ）チンボだよと言ひながら父の方へいつた。」『日』318（351）をみると、明治二十年頃でも裾をひいていた老女のいたことがわかる。「長いまばらな黄歯〈きば〉を出して見せて」『日』161（187）は、注がなくとも老人の醜い歯が連想されるし、「洋科の医者」『日』

108

（136）は漢法の医者に対する西洋医学の医者とわかる。

（b）*粋上品「いきひとがら」・*板〆縮緬「いたじめぢりめん」・*煎〈い〉りたて豆・*荏柄〈えがら〉ぬり・*お召物「めしもの」たとう紙「がみ」・*おやま商業「あきない」（＝「おやま」相手の商売か）・*お留守見舞・*楽屋簪「がくやかんざし」・*家庭婦「かていふ」・*鉄屑肥「かなくそぶと」り・*紙だとう（＝紙の畳う紙）・*家録奉還金「かろくほうくわんきん」・*切組み燈籠〈どうろう〉・*くされ半纏「はんてん」・*軍談読み・白砂糖「しろざたう」の*腰高折「こしだかをり」・*小紋更紗「こもんさらさ」・*ごらんじやい言葉・*権妻〈ごんさい〉上り・*酒徳久利〈さかどつくり〉・*自家ざんぶ・*地紙〈じがみ〉ぢらし（＝引幕のもよう）・渋仕立〈しぶじたて〉・*死に果報・*出走人（＝よみはシュッソーニンか）・*ぢんきよやみ・*素鼠地〈すねずみじ〉・*総後架「そうごくわ」（＝辞典に「そうこうか」はあり）・*外通「そとどほ」り・*ぞん気もの・*竹屋町裂「たけやまちぎ」れ・*附木店「つけぎだな」・*巴「ともゑ」もぐさ・*日本館「につぽんくわん」・*新商売〈ニユーしようばい〉・*鼠〈ねずみ〉ちりめん・*緋金巾「ひかなきん」・*ぽんぽち米「まい」（＝辞書に「ぽんぽちごめ」はあり。「ポンポチ米」のよみは不明）・*前かけがけ姿・*盲目建「めくらだて」・*近代生活「もだんらいふ」・*八釜〈やかま〉しぼり・*幼年生「えうねんせい」・*吉原かむり（＝辞書に「吉原かぶり」はあり）・*らを問屋

「家庭婦」は、「わたくしは家庭婦［かていふ］として、あつちこつちに入用［いりよう］になつて」『渡』344とある例から、「家政婦」ではなく「家庭婦人」「主婦」の意であろう。「自家ざんぶ」は、「ヘドツコになつてしまつた江戸児の末裔〈まつえい〉は誰もがさうであるやうに、辛辣［しんらつ］な軽口〈かるくち〉で自家ざんぶをやる」『日』162（188）という例で、自分（の家）をひどくこきおろすことである。「竹屋町裂」は三好一光『江戸語事典』に「たけやまちのきれ」として、「格子の中に宝づくしの模様あるものをいう。」とある。「日本館」は「西洋館」に対する和風建築物の意で、当時ニッポンカンと発音したことがわかる。「ごらんじゃい言葉」は「……大番頭の細君は、御殿づとめをしたといふ、大家の女房さんたちのするやうな、ごらんじやい言葉で、ねちねちとものをいつて」『桃』158（402）から推測できるように、この大番頭夫人は馬鹿丁寧な物言いをしている。前田勇『江戸語大辞典』「ごらんじゃる」の項には、「見るの尊敬語。ただし命令形は「ごらんじゃい」男女共用。」として、「天保四年・恋の若竹初一「旦那、御《ご》覧ぢやいまし」（男いう）」の例があがる。「店蔵づくりの、上方〈かみがた〉風の荏柄〈えがら〉ぬりの格子窓」『日』65（93）の「荏柄ぬり」というのはベンガラ塗りのようなものか。なお、「五

#「もぐさ」　日本橋の釜屋もぐさの十一代目ご主人によれば、もぐさを太さ二ミリのそば状にのばしたものを四、五ミリに切った（切りもぐさ）のが、一挺で、その十本ずつを紙に巻くそうである。

百丁の巴［ともゑ］もぐさをホグして」『桃』191とある「*巴もぐさ」は商品名らしく、また#もぐさは何丁と数えるものだそうである。

「盲目建」は「肝心な表通りへ面した方には、たしか窓もない盲目建［めくらだて］」『日』63（88）とあることから理解できるが、鹿の子絞りの一種という「八釜〈やかま〉しぼり」『日』61（86）はどういう絞りか不明である。

幼時から着物には親しんできた筆者も、「まだコートはない時分」に「上に黒ちりめんの羽織を着てきて玄関で」それを脱ぐと「下にもひとつ羽織を着てゐた」『日』235（263）という明治中頃の風俗はなかなか実感がわかない。中でも着物の色目や髪の物はむずかしく、たかだか百年前の言葉がその風俗習慣と共に消えてゆく、そのことばかりが気がかりである。

六　おわりに

以上、時雨の作品中、辞典類に登録されてない東京言葉を中心に駈け足でとり上げてみた。まず、書かれている言葉を正しく理解することが、作品をよむ前提と思うからである。結局、注釈のつかぬ不明語が若干残ったし、私自身の思い違いもあるであろう。大きな変動があったとはいえ、筆者の祖父母より年下という時雨の東京弁が理解できなくなるのは真に残念である。

夫の三上於菟吉と時雨

せめて今のうちに記録にとどめ、注釈を施しておかないと、教室で扱われることのない日常語・俗語・方言形の類は消え去るばかりである。今回不明とした語や私の誤読など、読者の方々にぜひ御教示頂きたいと思う。

ここでは大きな辞典に見出し語としてあるものや、なくとも理解できるであろう語は、一々の注を省略した。また明治に生育した作家にありがちな文字表記や仮名遣いについても扱っていない。いずれ明治・大正東京弁語彙集の形で公にしたいと思っている。

あとがき

かつて「言語生活」（筑摩書房）や「国立劇場演芸場」（国立劇場）に連載した聞書の文字化などをまとめて一冊にすることにした。本の形にするにあたって、多少手を入れたほか、注と例文を補足した。生きた東京弁の紹介であると同時に、消えてゆく明治・大正のことばを具体的な形で理解して頂きたかったからである。なお、今回新たに「長谷川時雨の東京弁―辞書にない語を中心に―」を書き加えた。明治の東京弁の生き生きした姿を、時雨の語彙から汲みとって頂けたら幸である。

東京弁調査では多くの方々に心よく発音して頂き、真にありがたかった。ここには紹介できなかった多くの方々の録音の文字化も、何時の日か公にしたいと思っている。

また、五十年から五十二年調査の折、録音や文字化、その整理の際にお手助け頂いた左の方々や、今回カットを書いて下さった田中ゆかり氏にも感謝したい。

秋川佳代氏・秋永銀二氏・上野和昭氏・川岸絢子氏・土岐哲氏

既発表の初出一覧を記しておく。

「東京弁は生きていた」（言語生活三五六、昭和五六年八月）

「「東京のことば」聞書（1）〜（12）」（言語生活四二一〜四三三、昭和六一年一二月〜六二年一一月）

「落語の言葉あれこれ」（言語生活三七二、昭和五七年一二月）

「落語のことば（1）〜（5）」（国立劇場演芸場三五〜三九、昭和五七年五月〜一〇月）。本書では「落語のことばと東京弁」に改めた。

「下座ばやし　橘つや女聞書（一）〜（五）」（国立劇場演芸場四七〜五一、昭和五八年六月〜一一月）

一九九四年盛夏

秋永一枝

め

も

や

ゆ

よ

ら

り

ろ

わ

ん

ふ

へ

ほ

ま

み

む

に

ぬ

ね

の

は

ひ

た

ち

つ

て

と

な

す

せ

そ

索引

（凡例）
#注またはカットのあるもの。
＊国語辞書類に見出し語またはその意義のないもの。
△長谷川時雨の作品中、国語辞書類に見出し語があっても、その意義を欠くもの。
なお、人名は話者に限ることとし、援用の書名もすべて省略した。

う

え

お

か

き

く

け

こ

さ

し

著者紹介
秋永一枝（あきなが・かずえ）
東京市本所区東両国（両国橋東詰）で生育。
早稲田大学文学部名誉教授。『古今和歌集声点本の研究』で博士号取得、平成三年度新村出賞を受賞。
（編著）『明解日本語アクセント辞典』（三省堂。1958年（初版））、1981年（２版））、『古今和歌集声点本の研究　資料篇・索引篇・研究篇上・研究篇下』（校倉書房。1972・1974・1980・1991）、『東京弁アクセントの変容』（笠間書院。1999年）、『新明解日本語アクセント辞典』（三省堂。2001年）など。

【ひつじ選書第１巻】　**東京弁は生きていた**

発行	1995年５月27日　初版１刷 2001年２月25日　初版２刷
定価	1600円＋税
著者	©秋永一枝
発行者	松本　功
製版・デザイン	iMat
印刷所・製本所	株式会社三美印刷
発行所	有限会社ひつじ書房

〒101-0064 東京都千代田区猿楽町2-2-5　興新ビル206
Tel. 03-3296-0687 Fax. 03-5281-0178
郵便振替00120- 8 -142852
info@hituzi. co. jp
http : //www. hituzi. co.jp
造本には充分注意しておりますが、落丁・乱丁などがございましたら、
小社かお買上げ書店にておとりかえいたします。
ご意見、ご感想など、小社までにお寄せ下されば幸いです。

ISBN4-89476-139-4 C1081

◆未発選書◆

第1巻　フィクションの機構

中村三春著　四六判上製　四三〇頁　三一〇七円

哲学的文芸学の誕生（野家啓一東北大学教授　推薦）
横光利一・太宰治などをテクストとして今までにない虚構理論を展開する。分析哲学や様々な虚構理論を踏まえつつ、それらの超越をめざす。最もラディカルな局面から小説・詩を捉え直す。根元的虚構理論の書。（書評掲載　山形新聞ほか）

第2巻　身体の構築学
―社会的学習過程としての身体技法―

福島真人編　四六判上製　五四六頁　四〇七八円

近代の問題、認知の問題のいきつくところは身体である。身体が「芸能」というからだの活動をどう修得していくかということを手がかりに、この問題にせまる。人文科学・社会科学にいて卓越した成果。ブルデューを超えたか？（書評掲載　毎日新聞ほか）